교육은 어머니의 무릎에서 시작되고,
유년기에 들은 모든 언어가 성격을 형성한다.
아이작 바로우

내일 우리 아이들의 성품은
오늘 무엇을 배우느냐에 달려 있다.

랄프 왈도 에머슨

어린이가 충고에는 귀를 막을 수 있지만
본보기에는 눈을 감지 못한다.

유태인 격언

독서가 마음에 끼치는 영향은
운동이 육체에 끼치는 영향과 같다.

리차드 스틸

초등 저학년
독서습관 만드는
결정적 시기

초등 저학년
독서습관 만드는
결정적 시기

펴낸날 2019년 12월 10일 1판 1쇄

지은이 김기용
펴낸이 김영선
교정·교열 이교숙, 남은영
경영지원 최은정
디자인 현애정
마케팅 신용천

펴낸곳 (주)다빈치하우스-미디어숲
주소 경기도 고양시 일산서구 고양대로632번길 60, 207호
전화 (02) 323-7234
팩스 (02) 323-0253
홈페이지 www.mfbook.co.kr
이메일 dhhard@naver.com (원고투고)
출판등록번호 제 2-2767호

값 14,800원
ISBN 979-11-5874-061-0

이 도서의 국립중앙도서관 출판예정도서목록(CIP)은 서지정보유통지원시스템 홈페이지(http://seoji.nl.go.kr)와 국가자료공동목록시스템(http://www.nl.go.kr/kolisnet)에서 이용하실 수 있습니다.(CIP제어번호: CIP2019043512)

초등 저학년 독서습관 만드는 결정적 시기

김기용 지음

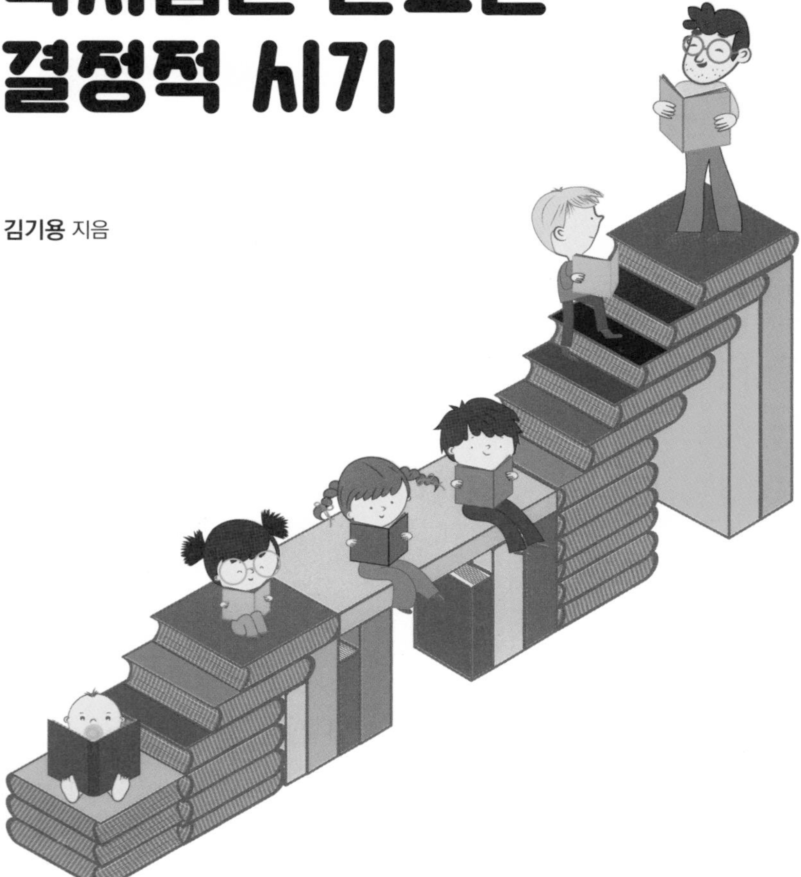

미디어숲

추 천 사

현직 초등학교 선생님이 학교 현장에서 뜨거운 열정과 고민으로 아이들을 만나며 얻은 저학년 독서교육의 모든 것이 오롯이 담겨 있습니다. 아이들의 행복한 독서, 나아가 행복한 성장의 디딤돌이자 나침반이 되길 기대합니다.

-문현식, 『팝콘 교실』 저자, 광주하남교육지원청 장학사

제 인생의 변곡점을 꼽으라면 군대 시절입니다. 22개월간 매주 1~2권, 전역할 때쯤 세어보니 총 120여 권을 읽었습니다. 사회와 사람을 보는 눈이 달라졌습니다. 나만의 주관이 생겼고, 논리를 세울 수 있게 되었습니다.

조금 일찍 책 읽는 방법을 깨우쳤더라면 내 인생이 훨씬 더 달라지

지 않았을까? 초등학교 저학년 때부터 스스로 독서에 흥미를 느끼게 하고, 발견한 지식을 정보로 소화하게 만드는 방법을 알려 준다니, 추천하지 않을 수 없었습니다.

–홍석준, SBS 시사교양본부 피디

이 책은 독서교육의 Why, How, What을 설명한 책이다. 머리를 깨우고, 손을 움직이게 하는 책이다. 독서습관 형성을 위해 노력하는 부모들에게 길잡이가 되어줄 책이다.

–김성현, 『독서토론논술수업』 저자, 초등 교사

자녀에게 줄 수 있는 가장 소중한 보물이 있다면 올바른 독서습관이 아닐까요? 이 책은 부모라면 읽고 또 읽으면서 하나씩 실천하기에 좋은 책입니다. 특히 자녀와 함께하는 독서습관 만들기 일주일 프로젝트는 독서교육 방법에 목마른 부모에게 시원한 냉수 한 그릇이 될 거예요.

–이재풍, 『한 권을 읽어도 정약용처럼』 저자, 동화작가

이 책이 부모들에게 긍정적인 영향을 미쳐 우리 아이들의 올바른 독서습관을 만들고, 선한 영향력이 주변에 퍼져 조금 더 배려하는 사회가 될 거라 생각하면 지나친 비약일까요. 독서뿐만 아니라 아이들을 생각하는 저자의 마음이 드러나는 책을 통해 지금부터 바로 아이와 함께 책 읽기를 시작해 보는 건 어떨까요?

–이다솜, 방송작가

프 롤 로 그

인성은 물론 공부머리까지 장착하는 초등 독서법

모든 부모의 공통된 바람은 우리 아이가 건강하게 잘 자라는 것입니다. 하지만 건강이 충족되면, 조금 더 똑똑하길, 조금 더 잘하길, 조금 더 바라는 점이 생깁니다. 궁극적으로 하고 싶은 일을 하며 성공하는 인생을 살기를 바라는 거겠지요. 그런 인생을 살게 하려면 가장 기본이 책을 좋아하게 하는 일이 아닐까 생각합니다.

유명한 철학자, 위인들은 모두 책벌레였습니다. 시키지 않아도 매일 책을 읽고, 기록하고, 깊은 사색에 빠졌죠. 왜 그렇게 책을 많이 읽었을까요? 누군가와의 대화를 통해 얻는 지식은 한계가 있기 때문입니다. 사람은 누구나 자신의 주관이 있어서 대화를 통해 얻는 지식은 순간 머리를 스쳐 지나가 사라지기 마련입니다. 또한 내 의견과 다르면 주의 깊게 듣거나 깊게 고민하지 않는 경우가 많습니다. 부모의 잔소리가 아이에게는 한 귀로 듣고 한 귀로 흘리는 소리에 지나지 않는 것을 보아도 알 수 있습니다.

하지만 책은 다릅니다. 읽고, 다시 읽고, 또다시 읽으며 궁금한 점에 대해 알아낼 때까지 끝없이 반복하고 탐구할 수 있습니다. 인성은 물론 공부머리까지 장착시킵니다. 스스로 깨달은 지식은 내면화되어 아이의 삶에 커다란 영향을 미칩니다.

또한 책은 누구에게나 평등합니다. 가난한 사람, 부자인 사람, 아이와 어른, 노인 모두 도서관에 가면 책을 읽어볼 수 있습니다. 마음만 먹으면 누구나 책을 접하고 책과 함께하고, 책을 통해 재미와 깨달음을 얻을 수 있습니다.

초등 저학년 시기는 부모의 영향이 절대적입니다. 아이에게 책 읽기를 계속 자극해 보세요. 책을 읽을 기회, 책과 접촉할 기회, 책을 두고 부모와 대화하는 습관 등을 가진다면, 결국 책을 좋아하는 아이로 성장할 수 있습니다. 무엇보다도 초등학교 저학년 시기에는 다양한 경험을 통해 아이가 '책'을 가까이 하도록 하는 것이 최우선 과제입니다. 독서를 통해 우리 아이를 생각하는 아이, 이해력 높은 아이로 만들어 보세요. 다양한 활동과 흥미 유발을 통해 책 읽기의 즐거움을 알려 주세요.

이 책에는 우리 아이들이 책 읽기에 푹 빠지게 하는 구체적인 방법이 담겨 있습니다. 아이가 책을 읽어야 하는 이유를 아이의 발달단계에 맞춰 자세히 설명합니다.

그리고 학교 공부와 관련된 독서의 중요성에 대해 다각도로 분석하였습니다. 가정에서 독서 기본원칙과 책 읽기 활동 시 꼭 지켜야 할 방법, 집에서 실천할 수 있는 책 읽기 일주일 프로젝트를 구체적으로 제시하여 누구나 쉽게 따라 할 수 있습니다. 마지막으로 책 읽기와 관련해 아이들이 보이는 문제 행동에 대한 솔루션을 제공합니다.

학교에서 아이들을 가르치고 함께 책을 읽으며 알게 된 노하우를 이 책에 담았습니다. 소소한 노력이 모여 아이들 마음속에 작은 변화를 일으켜 나중에 마음과 머리가 큰 사람으로 자라나는 데 도움이 되었으면 합니다. 또한 아이와 함께하는 활동을 통해 아이에 대해 부모님이 조금 더 이해하고 가까워질 수 있기를 바랍니다.

아이가 책을 좋아하게 하려면 부모의 노력이 필요합니다. 초등 저학년은 아직 보살핌이 많이 필요한 시기입니다. 이 책을 통해 한 달 동안 열심히 아이와 다양한 독후 활동을 진행해 보세요. 습관을 형성하는 데는 최소 두 달이 걸립니다. 꾸준한 독서와 즐거운 독후 활동을 통해 책과 친해지는 기회를 만들어 보세요.

우리 모두 부모는 처음입니다. 시행착오를 겪게 마련이고, 되돌아보면 아쉬운 시간이 많을 것입니다. 시간을 되돌릴 수는 없지만 저학년인 우리 아이들 독서습관 형성은 지금부터 시작해도 늦지 않습니다. 아이는 책을 읽는 지금도 자라고 있습니다.

마지막으로 좋은 글을 남길 수 있도록 전폭적으로 지지해 주신 미디어숲 김영선 대표님과 이교숙 편집장님, 그리고 보이지 않게 수고해 주신 관계자분들께 감사드리고 항상 큰 힘이 되어주는 사랑하는 아내 이현영 님께 감사의 마음을 전합니다.

저자 김기용

C O N T E N T S

차례

3장 평생 독서습관을 기르는 방법

4장 책 읽는 습관 만들기 일주일 프로젝트

5장 아이와 함께하는 독후 활동 실전편

6장 책 읽기 힘들어하는 아이를 위한 상황별 솔루션

우리 아이 독서습관을 확인해 볼까요?

- □ 아이가 책을 스스로 찾아서 읽나요?
- □ 하루에 책을 두세 권씩 읽나요?
- □ 책을 읽고 나서 느낀 점을 설명할 수 있나요?
- □ 일주일 중 하루 이상 부모와 함께 책을 읽는 시간이 있나요?
- □ 일주일에 한두 번씩 아이와 함께 서점이나 도서관에 가나요?
- □ 아이들 독서의 중요성에 대해 지인에게 논리적으로 설명할 수 있나요?

◉ 6가지에 모두 해당하면 이 책을 읽지 않아도 됩니다. 하나라도 해당하지 않는 것이 있다면 아이와 함께 독서법에 대해 배우고 실천하는 시간을 가져 보세요.

아이의 독서습관을 위해 나는 부모로서 몇 점일까요?

초등 독서 부모 체크리스트(나는 몇 점?)	O / X
아이가 좋아하는 책의 분야를 알고 있다.	
한 달에 한 번 이상 아이와 함께 도서관에서 책을 빌린다.	
초등학생 독서법과 관련된 책을 두 권 이상 읽어 보았다.	
아이가 책을 읽어 달라고 부모에게 종종 이야기한다.	

지역 도서관 프로그램에 아이와 함께 참여한 적이 있다.	
아이와 동화책을 읽고 책에 나온 활동을 같이한 적이 있다.	
서점에서 아이가 원하는 책을 사준 적이 있다.	
아이에게 일주일에 한 번 이상 책을 읽어 준다.	
가정에 아이와 함께한 독후 활동을 전시한 적이 있다.	
우리 아이의 학교 온작품 읽기 도서 제목을 알고 있다.	

◉ 위의 체크리스트에 몇 개나 동그라미를 치셨나요? 만약 9~10개의 동그라미가 있다면 아이의 독서에 대해 큰 관심이 있는 부모입니다. 그리고 동그라미가 6개 이상이라면 바쁜 일상 속에서도 아이에게 독서교육을 하고자 생각해 보았던 부모일 것입니다. 아쉽지만 5개 이하인 부모는 아이 독서를 위해 조금 더 관심을 기울이기 바랍니다.

책을 많이 읽으면 상상력, 이성적 사고와 판단, 행동과 감정의 조절,
공감과 관련된 전두엽이 많이 발달합니다.
똑똑한 아이를 만들기 위해 전두엽 계발은 필수적입니다.
전두엽은 일차적으로 초등학교 시기에 완성되므로 관심을 기울여 주세요.

1장

책만 읽어도 학교 공부는 끝이다!

ELEMENTARY 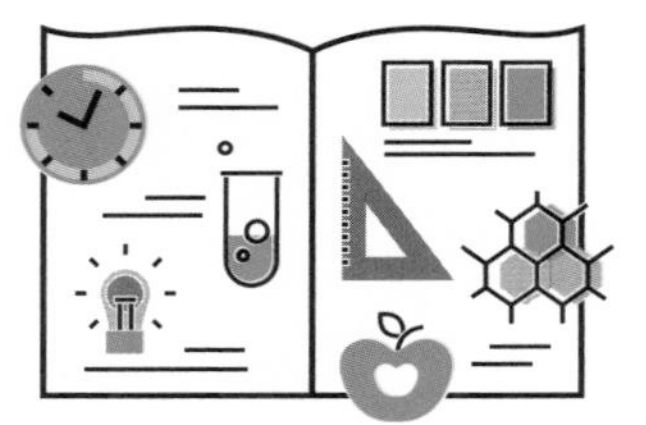 READING

초등 독서는 아이의 미래다

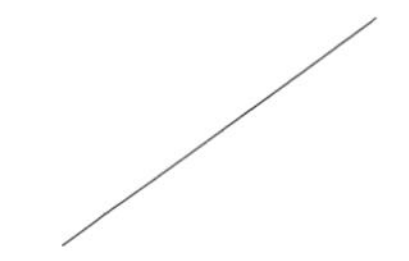

많은 부모가 '아이가 스스로 잘하겠지.'라는 생각을 꽤 합니다. 하지만 여러 동물 중 인간처럼 불완전한 존재로 태어나는 동물은 흔치 않습니다. 태어나서 스스로 목을 가누지도 못하고 부모에게 스스로 다가가 젖을 먹을 수도 없습니다. 그만큼 사람은 태어날 때부터 부모의 역할이 절대적이며 나약한 존재로 태어납니다. 그래서 우리는 '사회화' 과정을 거쳐야 합니다. 이와 같은 작고 소중한 아이가 세상을 깨우치고 배우려면 어떻게 해야 할까요? 정답은 독서입니다.

1.2학년은 다른 학년보다 학교에서 책 읽는 데 시간을 많이 할애하는 편입니다. 대부분 학교에서 독서교육이 얼마나 중요한지를 잘 알고 아이들에게 독서습관을 길러 주기 위해 책을 읽히고 여러 가지

독서 활동을 합니다. 학교에서 아이들의 독서습관을 위해 노력을 많이 기울이지만 독서습관이 전혀 없는 아이들의 경우 학교에서 지도하는 데는 한계가 있습니다. 저학년은 책을 읽으며 친구와 대화를 나누고 감정을 교류하는 활동이 자연스럽습니다. 하지만 책 읽는 것을 전혀 하지 않고 돌아다니면서 친구들에게 말을 걸거나 다른 활동을 한다면, 같은 반 친구들은 그 친구를 어떻게 생각할까요?

대부분 아이들은 보통 전학을 가지 않고, 6학년까지 다닙니다. 학교에서 하는 활동 중에서 많은 시간을 차지하는 독서 활동 시간에 아이가 산만하여 선생님께 지적을 많이 받는다면 그 아이는 '산만한 아이'로 낙인찍힐 수 있습니다. 친구들 사이에서 낙인이 찍힌다면 그 아이의 초등 6년은 본인이 열심히 바뀌려고 노력해도 주변의 시선은 쉽게 바뀌지 않습니다. 실제로 1학년에 입학한 아이들이 유치원 때 이야기를 종종 합니다. "OO이는 맨날 혼나요, OO이는 책 읽을 때 떠들어요." 이를 보면 가정에서 독서습관 및 생활지도가 왜 필요한지 알 수 있습니다. 초등학교에 입학하기 전 집에서 5분, 10분이라도 자리에 앉아 책을 읽는 습관을 기르게 한다면 학교에 잘 적응하는 데 도움이 됩니다.

현재 우리의 교육제도에서 고등학교 때 책을 많이 읽는 것은 힘이 듭니다. 학업은 물론 대학에 필요한 여러 활동에 열중하느라 책을 읽는 시간을 내기가 쉽지 않기 때문입니다. 초등학생 때 독서를 많이 해 독서를 통해 기를 수 있는 능력을 미리 길러 두는 것이 필요합니다. 미리 책을 많이 읽어 두면 나중에 필요한 책을 찾아서 읽거나 교과와 관련된 문학작품을 읽을 때, 공부에 집중할 때, 이해력이 필요할 때, 상상력이 필요할 때 모두 도움이 됩니다.

독서 능력이 뛰어난 아이는 뭐든지 잘한다!

독서 능력이 뛰어난 아이들은 실제 학교에서 뭐든지 잘하는 아이로 여겨집니다. 왜 그럴까요? 독서 능력이 뛰어나다는 것은 '집중력'이 뛰어나다는 사실을 뜻합니다. 집중력이 뛰어나다는 것은 선생님의 말씀을 주의 깊게 듣고 이해할 수 있으며 친구들의 말도 경청할 수 있는 능력이 있다는 뜻입니다. 또한 수업시간에 학습 활동을 할 때 집중력을 발휘해 문제를 척척 해결하고, 나아가 주변 친구들을 도와주는 모습까지 보입니다. 이와 같은 아이들은 자연스럽게 교사의 눈에 띄고, '잘하는 아이'로 인식됩니다. 실제로 초등 저학년 시기 독서습관이 잘 잡힌 아이들은 학업 성취도가 높은 경우가 대부분입니다. 저학년 시기에 다른 무엇보다도 독서습관 형성이 가장 중요한 이유입니다.

독서 능력이 뛰어난 아이들은 책을 통해 주어진 상황에 대해 다양한 생각과 상상하는 훈련이 자연스럽게 되어 있습니다. 이는 학교 수업시간에 주어진 다양한 문제와 상황에 대해 자연스럽게 접근하는 힘이 되어 줍니다. 우리 아이가 저학년 때부터 산만한 모습을 보이고 친구들과 다툼이 잦다면 문제를 해결할 수 있는 여러 방법 가운데 하나가 바로 독서입니다. 책을 처음부터 끝까지 읽는 '인내심'을 기른다면 위의 문제는 자연스럽게 해결되기 때문입니다.

초등 저학년 때 책을 좋아하게끔 습관을 들이지 않는다면 고학년이 되어서는 더욱 어렵습니다. 많은 부모가 초등학교 때는 아이들이 부모 말을 잘 들으니까 괜찮다고 안심합니다. 하지만 빠른 아이들은 초등학교 4학년 때부터 사춘기가 옵니다. 이때부터는 부모와 하는 활동에 약간 거리감을 두기 시작하고, 부모님이 책 읽으라는 이야기를 잔소리로밖에 듣지 않습니다. 아이가 부모의 말을 잔소리로 듣기 시작하는 때부터는 부모와 자녀의 관계가 지금까지와는 전혀 다른 방식으로 전개됩니다. '듣고 행동하기'에서 '듣고 짜증 내기' 혹은 '듣고 흘려보내기'로 바뀝니다. 이 시기가 오기 전에 올바른 독서습관을 기르는 데 부모가 조금만 관심을 기울여 주세요.

초등학교 저학년 때의 독서습관은 부모의 노력으로 100퍼센트 만들어 줄 수 있다고 확신합니다. 처음 시작할 때는 힘들지만 인내심을 가지고 꾸준히 노력하면 가능합니다. 이 책의 뒷부분에 나오는 실제 방법들로 한 달만 열심히 노력하면 책 읽는 아이, 책을 좋아하는 아이로 만들 수 있습니다. 그 이후에는 아이 스스로 책을 찾아 읽는 모습을 볼 수 있을 겁니다.

세 살 버릇 여든까지 간다는 속담이 있습니다. 어려서부터 독서습관을 가진 아이들은 책을 읽고 다양한 생각을 하는 과정 자체를 즐깁니다. 이는 두뇌 활동을 활발하게 만들어 궁극적으로 똑똑한 아이로 만들어 줍니다. 아이가 어렸을 때는 부모의 노력이 절실합니다. 우리 아이에게 좋은 습관을 만들어 주기 위해 노력해 주세요.

ELEMENTARY READING

부모의 비교가 아이를 책과 멀어지게 한다

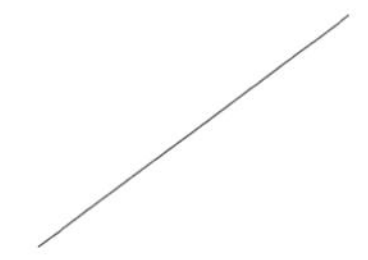

내 아이가 책을 많이 읽는 아이와 읽지 않는 아이 중 어떤 아이가 되기를 원하나요?

대부분 부모는 책을 많이 읽는 아이기를 원합니다. 살다 보니 독서가 삶의 영양분이 되고 똑똑하고 현명한 사람으로 살아가는 데 큰 도움이 된다는 사실을 직·간접으로 경험했기 때문입니다. 주변에 어렸을 적 책을 많이 읽었던 아이들이 공부를 잘하거나, 크게 성공하는 모습을 보았거나 대화를 통해 생각이 깊고 논리적이라는 것을 느껴보았을 것입니다. 그리고 우리 자녀는 꼭 책을 많이 읽혀야겠다는 생각을 합니다.

저학년 때 책을 많이 읽은 아이와 그렇지 않은 아이는 표면적으로 드러나지 않습니다. 아이들은 아직 뛰어놀아야 한다는 생각에 아이의 독서교육에는 큰 관심을 보이지 않는 학부모들도 많습니다. 하지만 책을 많이 읽지 않는 아이들은 기본적으로 생각하는 훈련이나 집중력이 떨어지는 모습을 종종 보입니다. 독서습관이 몸에 배어 있지 않은 아이들은 저학년 수업시간에 산만한 모습을 보이거나 주변 친구들에게 장난치는 모습을 자주 보이고, 고학년이 되어서도 수업 집중력이 떨어집니다. 국어나 사회 등 이해가 많이 필요한 교과목을 배울 때는 특히 어려움을 겪습니다.

아이가 혼자 책을 읽기 시작했다면 부모들은 더 이상 책을 읽어 주지 않아도 된다고 안도하며 편안한 저녁 시간을 보낼 수도 있습니다. **최소한 초등학교 4학년까지는 책을 읽어 주거나 함께 읽는 것을 권장합니다.** 그런데 부모가 책을 읽어 주는 것이 힘에 부쳐 아이에게 하루에 한두 권씩 읽게 하는 과제를 주거나 책을 읽으면 보상을 준다는 약속을 하는 경우가 많습니다. 이런 과정이 반복되면 아이는 책을 즐기는 것이 아니라 보상을 위해 책을 읽게 됩니다. 책을 읽고 스스로 생각하는 힘을 얻기보다는 책을 읽고 보상으로 얻게 될 달콤한 초콜릿만 생각하게 됩니다. 꼭 보상이 필요하다면 달콤한 초콜릿보다는 아이가 갖고 싶은 책 선물이나 독서 체험학습 쪽으로 접근해 보세요.

부모들은 우리 아이가 책을 또래 친구보다 많이 읽는지 궁금해합니다. 같은 반 아이 부모에게 아이가 책을 하루에 몇 권씩 읽는지, 책은 좋아하는지 물어보고 비교하기도 합니다. 가장 확실하게 알 수 있는 방법이 있습니다. 아이가 스스로 앉아서 책을 찾아 읽는 있는 습관이 있다면 또래 아이보다 책을 읽고 깊게 생각할 수 있는 높은 독서 능력을 지니고 있다는 뜻입니다.

옆집 아이는 많이 읽는데…

많은 부모들이 옆집 아이와 내 아이를 비교하는 실수를 범합니다. 모든 사람은 비교당하는 것을 좋아하지 않습니다. 부모는 티를 내지 않는다고 하지만 비언어적인 표현(몸짓이나 손짓, 표정)을 통해 아이들은 은연중에 느낍니다. 누구에게나 남과 하는 비교는 상처가 되고 즐겁지 않습니다. 다른 남편과 나의 남편을 비교하면 비교를 받는 대상은 어떤 기분일까요? 반대로 다른 아내와 나의 아내를 비교하면 비교를 받는 대상은 기분이 어떨까요? 아이들도 마찬가지입니다. 절대 다른 아이와 비교하지 말아 주세요.

책을 어떻게 읽어야 하는지에 학부모들은 많은 고민이 있습니다. 우리 아이가 어떤 책을 읽으면 좋을지, 옆집 철수네는 벌써 동화책 대신 글밥이 많은 책(글자가 많은 책)을 읽고 있고, 누구네는 전집을 샀는데 매일 책을 읽고 있다는 이야기를 들으면 내 아이의 독서교육이 가장 늦은 건 아닌지 크게 걱정합니다. 하지만 아이들의 기본적인 성향과 환경에 따라 책의 종류는 달라집니다. 걸음마를 빠르게 하는 아이와 늦게 하는 아이, 한글을 빨리 배운 아이와 그렇지 않은 아이의 차이가 있는 것처럼 독서 수준도 아이별로 차이가 큽니다. 특히 사교육업체에서는 이 책은 당장 사서 읽혀야 하고, 읽지 않는다면 아이에게 좋지 않은 영향이 있는 것처럼 불안감을 조성하기도 합니다. 한 발 떨어져 생각해 보면, 해당 업체의 책을 사지 않은 아이들이 훨씬 더 많습니다. 그 모든 아이에게 어떤 일도 일어나지 않았고, 모두 잘 자라서 우리나라의 구성원으로 잘살고 있습니다.

일단 부모님부터 마음을 편하게 가지세요. 아인슈타인은 공립학교에서 반사신경이 너무 둔하고 계산시간이 오래 걸리고 항상 틀린 답을 풀어내곤 했습니다. 또한 자신이 말한 내용을 계속 되풀이하고 신경질적이어서 여동생을 다치게 하는 일도 종종 있었다고 합니다.

어릴 때 다소 떨어진다고 느꼈던 아이들이 훌륭하게 성장하는 경우도 많습니다. 심지어 아인슈타인은 학교생활기록부에 '이 아이는 나쁜 기억력, 불성실한 태도 등을 볼 때, 앞으로 어떤 일을 해도 성공할 수 없을 것으로 판단된다'고 적혀 있었다고 합니다.

이런 아인슈타인을 달라지게 한 것은 열세 살에 읽은 유클리드의 『기하학』 때문입니다. 또한 열네 살에는 칸트의 『순수이성비판』을 읽고 이해하고 자기 생각을 말할 수 있게 되었답니다. 계속 책을 읽기 시작하여 우리가 아는 여러 가지 위대한 과학이론을 만들어 냈습니다.

아인슈타인이 책 한 권과 사랑에 빠져 위대한 인물이 된 것처럼 우리 아이에게도 일명 '인생 책'이라고 불릴 만한 책을 만날 날이 올지도 모릅니다. 아이들이 좋아하는 책을 여유 있게 읽을 수 있게 지켜보는 부모가 되어 주세요. 강요하거나 비교하는 부모가 아닌 독서를 할 수 있는 충분한 환경과 자극을 제공하는 현명한 부모가 되어 준다면 우리 아이도 결국 책을 좋아하는 훌륭한 아이로 자라날 것입니다.

ELEMENTARY 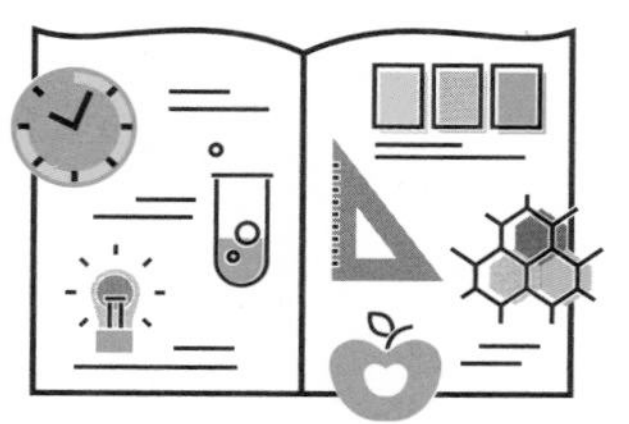 READING

책 읽기가 아이 발달에 미치는 영향

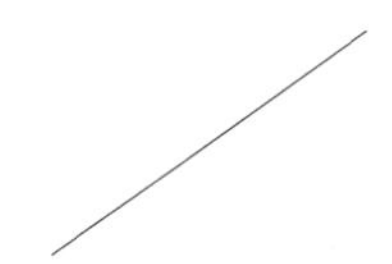

캐나다 요크대학교의 심리학자 레이먼드 마 연구원은 "우리는 두뇌가 경험한 것과, 책에서 읽은 것과의 차이를 잘 구별하지 못한다."라고 말합니다. 영화를 볼 때도 이와 비슷한 효과가 있지만 책을 읽는 것이 뇌에 더 큰 영향을 미친다고 합니다. 우리의 뇌는 이야기를 머릿속으로 생각해 볼 때와 실제로 경험할 때, 둘 다 같은 반응을 일으킨다고 합니다.

"책을 읽으면 책의 주인공으로서 인생을 한 번 더 살아본다."라는 말이 있습니다. 심리학자 레이먼드 마는 독서가 우리를 더 공감하게 한다고 믿습니다. 책을 읽음으로써 공감력을 발전시키는 독특한 기회를 제공한다고 주장합니다. 우리는 소설 속 인물들과 자신을 동일

시하며, 그들과 함께 고난을 겪고, 웃으며 사랑을 나눕니다. 따라서 어렸을 때 아이에게 많은 체험학습을 실제로 하는 것과 책을 읽는 것 모두, 중요한 가치가 있습니다.

뇌는 창의력이나 사고력에 결정적 영향을 끼치는 백색질과 신경세포가 밀집된 회색질로 구성되어 있습니다. 독서를 많이 하면 백색질의 신경세포가 더욱 발달하며 궁극적으로 아이의 뇌 전체를 사용하는 능력을 계발시키는 데 도움이 된다고 합니다. 이 중 특히 문학작품을 읽을 때 뇌 전체가 활성화되며 백색질에 가시적인 변화가 발생합니다. 반대로 TV나 스마트폰은 백색질의 계발에 아무런 도움을 주지 않는다고 합니다.

미국 샌디에이고 캘리포니아대학교 연구진은 9~10세 어린이 4,500명을 대상으로 뇌 영상을 분석하였습니다. 하루 2시간 넘게 전자기기 화면을 보는 아이들은 기억력, 언어능력, 집중력 테스트에서 낮은 점수를 받았고, 하루 7시간 이상 전자기기 화면을 보는 아이들은 대뇌 피질 두께가 더 빨리 얇아지는 현상이 발견됐다고 합니다. 대뇌 피질은 기억, 집중력, 언어능력 등과 관련된 뇌의 일부분입니다. 여기에 오감, 운동능력, 이해력 등도 함께 관장하는 부분입니다. 대뇌 피질이 얇아진다는 것은 뇌가 늙어간다는 것을 뜻합니다. 연구진은 정확한 원인이나 유해성은 아직 밝혀지지 않았지만 최대한 전자기기 사용을 제한하는 것이 좋다는 의견을 전했습니다.

요즘 아이들은 어렸을 때부터 다양한 전자기기의 시각 자극에 익숙해져서 수업시간에 참여하기 힘들어하고 쉽게 지칩니다. 위의 연구에서 본 것처럼 아이의 뇌가 더욱 활발하게 움직이고, 똑똑해지기 위해서는 전자기기에서 한 발 떨어져 생활하는 것이 필요합니다.

책 읽기가 학습에 미치는 긍정적 영향

초등학교 때는 공부를 곧잘 했지만, 고등학교 때 가서 성적이 곤두박질치는 아이들을 주변에서 본 적 있을 겁니다. 반대로 공부를 잘하진 못했지만 나중에 빛을 보는 아이들도 봤을 것입니다. 어떤 차이가 이런 결과를 만들었을까요?

초등학교 시기의 성적은 부모의 학업에 대한 관심에 따라 정해진다고 해도 과언이 아닙니다. 하지만 점차 학년이 올라가며 다양한 고등사고력과 융합적 사고가 필요함에 따라 단순 반복 학습을 했던 아이들은 힘들어합니다. 왜 그럴까요? 바로 깊이 사고하고, 상상해 본 경험이 부족하기 때문입니다.

다양한 사고능력을 기르는 데는 독서만 한 것이 없습니다. 독서에 관심 있는 부모들은 아이를 잉태했을 때부터 동화책을 읽어 줍니다. 아이에게 부모는 세상 전부이기 때문에 부모가 책을 많이 읽어 주면 아이는 자연스럽게 책을 좋아하게 됩니다. 그 책 속에는 모르는 내용, 어휘, 배경이 나옵니다. 이 내용을 아이는 상상하고, 질문하고, 자신과 관련 짓기 시작합니다.

저학년 학교 수업은 동화책이나 교과서를 보며 무엇이 보이는지 이야기하고, 상상해 보는 활동이 주를 이룹니다. 평소 책을 많이 읽은 아이들은 수업에 자연스럽게 융화되고 흥미를 느낍니다.

또한 최근 학교에서 하브루타 교육의 도입으로 질문을 만들고 답하는 활동이 강조되고 있습니다. 하브루타는 유대인의 전통적 학습 방법으로 나이와 성별 등의 관계없이 두 사람이 짝을 지어 질문하고 대화하는 것을 말합니다. 평소 부모님과 책을 많이 읽은 아이들은 배경지식이 풍부하고 질문에 대답하는 활동에 익숙해합니다. 따라서 하브루타에도 자연스럽게 활동하고, 교사의 눈에도 '똑똑하고 생각이 깊은 아이'로 기억에 남습니다.

독서는 호기심, 이해력, 비판력, 창의력을 기르는 데 결정적인 영향을 미칩니다. 책을 좋아하는 아이들은 주변의 모든 호기심에 관심을 보이고, 새로운 학습 내용에도 관심을 둡니다. 그리고 다양한 글을 통해 이해하는 능력과 글의 내용을 예측하는 능력이 생깁니다.

최근 강조되는 '비판적 사고력'은 자신이 자기 인생의 주체로 살아가는 데 있어서 필수적인 능력입니다. 아이가 주변 사람들의 말에 휘둘리지 않고, 다양한 일이 발생했을 때 한 번 더 생각할 수 있는 능력은 아이가 건강한 삶을 영위하는 데 밑거름이 됩니다. 그리고 갈수록 복잡해지는 현대 사회를 헤쳐 나가는 데 필수적인 능력 중 하나가 '창의력'입니다. 아이는 독서를 통해 자신에게 문제가 발생했을 때 스스로 헤쳐 나갈 수 있는 힘을 기를 수 있습니다. '친구와의 갈등',

'생각대로 되지 않을 때'와 같은 상황 등이 발생하더라도 독서를 통해 길러진 능력으로 부모와 대화를 충분히 나눈다면 어떤 문제든 해결하는 능력이 점차 향상될 것입니다.

책을 읽으면 머리가 똑똑해진다?

독서를 하면 두뇌가 똑똑해진다는 말은 많이 들었을 겁니다. 과연 어떤 식으로 두뇌 계발이 될까요? 언어와 관련된 뇌는 크게 두 부분으로 나뉩니다.

일반적으로 듣고 느끼는 다양한 감각을 받아들이는 곳을 '후두엽'이라고 하고 다양한 정보를 종합해 표현하는 곳은 '전두엽'이라고 합니다. 인간의 뇌에서 가장 마지막에 발달하는 전두엽은 감정과 정보, 욕구 등을 통합하고 조절하는 '관제탑' 역할을 합니다. 전두엽의 능력을 기른다면 자연스럽게 아이의 두뇌는 좋아집니다. 듣는 것보다 말할 때 전두엽이 더욱 발달한다고 합니다. 따라서 책을 읽고 다양한 독후 활동을 하는 것이 전두엽 발달에 도움이 됩니다.

아이들은 책을 읽을 때 주어진 글씨와 그림을 바탕으로 자신만의 내용을 상상하며 책을 읽습니다. 이것은 뇌에 이미 저장된 다양한 정보를 전두엽에서 끌어와 자신만의 이야기를 만들어 시각중추를 통해 재생하는 것입니다. 책을 읽으면서 아이들은 책 정보를 조합하며 장면, 인물, 내용, 뒷이야기 등을 상상합니다. 이 과정에서 전두엽뿐만 아니라 후두엽까지 자극되어 뇌의 전체적인 발달이 일어납니다.

특히 책을 많이 읽으면 상상력, 이성적 사고와 판단, 행동과 감정의 조절, 공감과 관련된 전두엽이 많이 발달합니다. 똑똑한 아이를 만들기 위해 전두엽 계발은 필수적입니다. 전두엽이 만약 발달하지 못한다면 어떤 일이 생길까요? 감정 조절이나 합리적 사고능력이 부족해 충동적 행동을 많이 하기 쉽습니다. 또한 정반대로 감정의 변화 없이 무감각한 모습을 보이고, 쉽게 포기하는 모습을 보이기도 합니다. 전두엽은 일차적으로 초등학교 시기에 완성되므로 관심을 기울여 주세요.

또한 뇌에는 시냅스라는 신경세포와 신경세포를 연결하는 부위가 있습니다. 책을 읽으면 이 부위가 자극을 받아 시냅스가 새로운 가지를 뻗어 나가며 더욱 두꺼워지고 자극을 전달하는 속도가 훨씬 빨라집니다. 시냅스가 활성화되면 외부의 자극이 시냅스를 통과하는 데 더 빠른 시간에 지나갈 수 있습니다. 사용하지 않는 시냅스는 없어지고 계속 사용하는 시냅스는 활성화하여 주변에 영향을 미칩니다.

이를 통해 알 수 있는 사실은 어떤 문제를 해결해야 할 상황에 부닥쳤을 때 다양한 방법으로 생각하는 속도가 빨라진다는 뜻입니다. 또한 뇌는 독서를 통해 새롭게 구성될 수 있으며 뇌의 구성은 아동의 특성이나 행동에 따라 변화될 수 있다는 사실입니다. 다양한 독서 활동과 부모와의 따뜻한 관계가 필요한 이유입니다.

좌뇌와 우뇌를 자극해요

좌뇌는 수학, 논리, 분석적 사고를 주로 합니다. 좌뇌형 아이는 참을성과 끈기가 많아 한 가지 일을 끝까지 해내는 경우가 많습니다. 반면 새로운 도전보다는 안정성을 추구해 그동안의 경험을 통해 문제를 해결하는 식으로 접근합니다. 또한 튀는 것을 좋아하지 않아 자신의 감정 표현이나 주변에 적극적으로 쉽게 다가가지 못하는 성향을 보입니다.

우뇌는 직관성, 상상, 감성적인 사고를 주로 합니다. 우뇌형 아이는 모험을 좋아하고, 낯선 환경을 즐깁니다. 일정한 루틴보다는 새로운 것에 도전하며, 관심사가 계속 바뀌어 끈기가 부족해 보이기도 합니다. 하지만 여러 가지 새로운 활동을 즐기며, 친구들과 어울리는 것을 좋아합니다. 어떻게 보면 정반대인 좌뇌형과 우뇌형의 특징을 가진 아이들은 각각 독서법도 조금씩 다릅니다.

좌뇌형 아이의 우뇌를 자극하려면 집이 아닌 야외로 데리고 나가 보세요. 만약 아이가 활동성이 큰 것을 좋아하지 않는다면 함께 도서관, 서점, 공원 등 다양한 장소에서 함께 책을 읽어 보세요. 밖에서 다양한 체험 활동을 하면서 책을 접하면 아이의 우뇌를 자극하는 데 도움이 됩니다. 함께 책을 읽을 때도 내용을 물어보는 것보다는 각각의 상황에 따라 아이가 느낀 점이나 주인공이라면 어떻게 했을지 질문해 주세요.

우뇌형 아이의 좌뇌를 자극하기 위해서는 정해진 규칙대로 생활하는 연습을 하거나 정해진 시간에 아이와 함께 독서를 해보세요. 이때 아이가 힘들어한다면 다그치거나 혼내지 말고 끝까지 격려해 주세요. 그리고 자아존중감을 기르기 위해 '스몰 스텝small-step'을 적용해 보세요. 스몰 스텝은 아이가 충분히 성취 가능한 작은 미션을 주어 성취감을 느끼게 하는 방법입니다. 아이에게 책 두 쪽 읽기, 한 쪽 소리 내어 읽기, 10분만 놀고 정리하기, 책 읽고 꽂아두기 등 아이가 실천할 수 있는 작은 미션을 제공해 보세요. 다소 끈기가 부족한 아이라도 스몰 스텝으로 작은 성취감을 경험하면 끝까지 해낼 수 있는 자신감이 생깁니다.

미국의 심리학자 오스틴은 좌뇌와 우뇌가 상호보완 작용을 하며 서로의 강점을 연결할 때 대뇌의 능력이 5~10배까지 증가한다는 사실을 밝혀냈습니다. 좌뇌와 우뇌를 골고루 발달시키는 것이 중요합니다. 이를 위해 집에서 할 수 있는 효과적인 방법이 바로 '독서'입니다. 독서는 주어진 글을 단어와 문장, 문단을 읽고 이해하고, 내용의 연결성을 파악하는 좌뇌를 사용합니다. 하지만 단순히 읽고 이해하는 것이 아닌 이어질 내용을 상상하거나 자신의 경험과 관련 짓기, 책을 읽고 감정 공유하기 등 우뇌를 사용하는 다양한 활동도 동시에 하게 됩니다. 아이와 함께 책 읽는 시간을 지속적으로 가져 보세요.

자신감과 사회성을 길러요

최근 아이들의 우울감이나 부적응, 극단적으로 자살에 이를 수도 있는 무서운 일이 많이 발생하고 있습니다. 아이들이 자람에 따라 달라지는 면이 있지만, 자신감을 가지고 적극적인 사회성을 갖추게 하려면 가정에서의 역할이 중요합니다. 아이들이 학교에서 친구 관계나 기타 힘든 일로 상처를 받을 때가 종종 생깁니다. 어른도 사회생활을 하며 여러 힘든 일을 맞닥뜨릴 때가 있는데요. 그럴 때 우리는 가족과 함께하는 가정에서 힘을 얻습니다. 아이에게 부모는 자신을 지켜주는 든든한 버팀목입니다.

가정이 불안정하거나 자신의 마음이 충족되지 못한 아이들은 교실에서 ADHD나 폭력적인 성향을 보일 수도 있습니다. 부모가 무조건 오냐 오냐 하는 식의 수용 태도도 학교에 잘 적응하지 못하는 아이를 만드는 하나의 원인이 됩니다. 초등학교는 유치원보다 지켜야 할 규칙이 많습니다. 정해진 수업시간, 딱딱한 책상, 배워야 할 학습 등 자기와 맞지 않는 부분도 받아들여야 합니다.

독서를 통해 아이와 정서적 공감을 많이 해주세요. 하루에 10분, 20분, 30분 부모님이 가능한 만큼 책을 읽어 주면서 아이와 눈을 맞추고 소통해 주세요. 언제 어디서든 상관없어요. 잠자기 전에 읽어 주는 것도 좋아요. 아이의 마음은 평화와 따뜻함으로 가득 채워질 수 있습니다. 또한 책 읽기를 칭찬하면 아이에게 자신감을 키워 주고 '나도 잘

할 수 있구나!' 하는 생각을 심어 줄 수 있습니다. 작은 관심이 생명을 살린다고 했나요? 부모의 작은 관심으로 아이의 감정을 두근거리게 만들 수 있습니다.

어휘력이 풍부해져요

학창 시절 영어 공부할 때를 떠올려 보세요. 귀로 듣는 입력 과정과 말하는 출력 과정이 모두 중요하다는 사실을 잘 압니다. 하지만 영어를 공부하는 가장 기초는 바로 '단어'입니다. 외국에 가서 문법이나 어순을 전혀 모른 채 단어만 알아도 일정 부분 의사소통이 가능합니다. 실제로 우리 아이들도 국어를 배울 때 하나의 단어를 부모님에게 차근차근 배우면서 시작합니다.

그렇다면 우리 아이가 학교에 입학했을 때 기존에 알고 있는 어휘는 어떤 영향을 미칠까요? 새로운 내용을 배우기 위해 학교에 가지만 아이가 어휘력이 부족하다면 선생님 말을 이해하는 데 많은 어려움이 있습니다. 수업시간에 사용하는 단어들 대부분은 부모와 평소에 사용하는 언어에서 90%는 배울 수 있습니다. **실제로 부모와 소통을 많이 하는 아이들이 의사소통 능력이 훨씬 뛰어납니다. 하지만 나머지 10%는 부모와 나누는 일상적인 대화나 TV 시청 등으로 채워질 수 없는 부분입니다. 나머지 10%는 독서로 채워야 합니다.**

독서는 모르는 단어를 문맥을 통해 유추하거나 독서를 통해 부모와 대화하면서 어휘를 습득할 수 있는 장점이 있습니다. 모르는 단어를 유추하는 연습은 아이가 어려운 책들을 접할 때 힘이 되어 줄 수 있습니다. 평소 독서를 통해 모르는 단어를 유추하는 연습을 꾸준히 한다면 학교 수업시간을 좀 더 편안한 시간으로 만들 수 있습니다. 독서를 꾸준히 한 아이들은 언어를 쉽게 습득하는 경향이 있습니다. 부모와의 소통과 듣기, 독서습관 모두 놓치지 않아야 하는 이유입니다.

ELEMENTARY 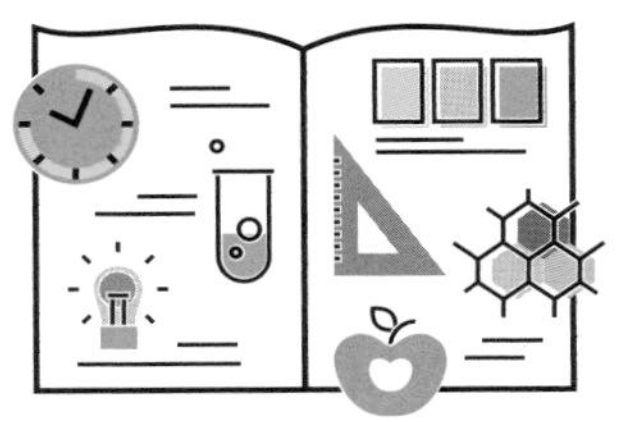 READING

위인들은 모두 책을 사랑했다

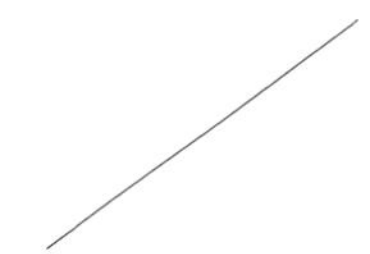

빌 게이츠는 "오늘의 나를 있게 한 것은 마을 도서관이었다. 하버드 졸업장보다 소중한 것은 책 읽는 습관이었다."라고 했습니다. 스티브 잡스는 "독서와 혼자만의 시간을 가지고 새로운 일을 도모하라."라는 말을 남겼고, 다산 정약용은 "무릇 사나이는 책을 읽고 행실을 닦으며 집안을 다스리고, 일할 때는 마땅히 집중해야 하는데, 정신력이 아니면 모두 해내지 못한다.", 퇴계 이황은 "책을 읽음에 있어 어찌 장소를 가릴 것이랴."라고 말했습니다. 또한 나폴레옹은 전쟁 중에도 마차 한가득 책을 싣고 다녔던 것으로도 유명합니다.

이외에도 검색 한 번이면 엄청나게 많은 독서에 관한 위인들의 명언이 있습니다. 이들은 왜 독서를 이처럼 강조했을까요? 책을 전혀 읽지 않은 위인은 없을까요?

연구 결과에 따르면 책을 많이 읽지 않는 사람은 어려운 단어나 복잡한 문장을 이해하기 힘들고 인터넷상의 정보에 쉽게 현혹되고 주의력 결핍에 빠지거나 특정 분야에 몰입하기 힘들어진다는 결과가 있습니다. 즉, 자신의 주관보다는 주변에 휘둘릴 가능성이 크다는 것입니다. 아이들을 보면 여러 가지 자극에 즉각적으로 반응하며 오랜 시간 집중하지 못합니다.

하지만 시간이 지나 점차 성장하면서 집중력과 이해력이 길러지고 다양한 활동과 독서를 통해 인간으로서 진화를 거듭합니다. 많은 연구 결과에서 이 시기에 독서를 하지 않으면 태어날 때의 산만한 뇌로 돌아간다고 합니다. 특히 최근 SNS와 스마트폰에 익숙한 아이들은 글 전체를 읽지 않고 스크롤을 쭉 내리며 필요한 부분만 취사 선택하는 능력이 놀랍도록 발전하고 있습니다. 이는 집중력과 몰입력을 방해하고 즉각적인 자극에 반응하는 결과를 초래해 산만하고 집중력이 부족하며 공격적인 성향이 있는 아이로 자라게 할 수도 있습니다.

책을 잘 읽지 않은 결과는 학습과도 연결됩니다. 아이가 수학 문제를 끈기 있게 풀고 다양한 생각을 하기보다는 스마트폰에서 늘 보던 것처럼 즉각적인 해답과 다양한 화면 변화를 통해 검색으로 찾아내려고 합니다. 실제 학교에서도 초등학교 5학년이 되면 강의식 수업에 채 5분을 집중하지 못하는 아이들이 많습니다. 이런 아이들과 대화를 나누어 보면 하루에 유튜브, 게임 등 스마트폰을 사용하는 시간이 3~4시간이 넘었습니다. 일부에서는 교육의 큰 흐름이 바뀌고 있으며 그에 따라 사고력과 말하기 능력이 강조되는 시대에 일방적인 강의식 수업을 비판하기도 합니다. 그런데 학교 현장에서 보면 이미 토의와 토론을 강조하고 아이들끼리 이야기하는 수업이 많이 진행되고 있습니다. 안타깝게도 강의식 수업에 집중 못 하는 아이들은 토의나 토론 수업에서조차 집중하지 못하고 산만한 행동을 지속해서 합니다.

수업에 집중하는 것은 100퍼센트 훈련과 습관으로 만들어질 수 있습니다. 그렇다고 저학년 아이들에게 한자리에 계속 앉아서 수학 문제를 풀거나 책을 읽게 하는 것은 아이들에게 일종의 스트레스입니다. 따라서 하루에 5분, 7분, 10분씩 아이의 성향에 맞추어 조금씩 책을 바른 자세로 읽는 연습을 시켜 보세요. 처음에는 조금 힘들어해도 이러한 연습이 아이가 학교에 가서 수업시간에 바른 자세로 참여하는 데 밑거름이 되고, 아이가 산만하지 않고 차분해지는 데 양분이 될 수 있습니다.

아이가 책에 노출될 수 있도록 환경을 만들어요

시간이 될 때 아이와 함께 서점이나 도서관에 가서 마음에 드는 책을 골라 자기 전에 함께 읽어 보면 어떨까요? '독서 해야지, 독서 안 하면 혼나, 책을 읽어야 과자 먹을 수 있어.'라고 생각하는 아이와

'이제 책 읽어 볼까? 다 놀았으니 책을 읽을까?'라고 생각하는 아이는 독서에 대한 관점이 전혀 다릅니다.

독서습관이 형성되지 않으면 부모는 끊임없는 잔소리를 하고, 아이는 독서와 점점 더 멀어집니다. 또한 아이가 놀 것이나 영상들을 쉽게 접할 수 있는 환경에 있다면 당연히 독서와는 거리가 멀어질 겁니다. 왜냐하면 영상은 머리를 사용하지 않고 멍하니 등장인물의 동작이나 말을 따라가면 되니까요. 이에 익숙해지면 차분히 앉아서 여러 가지 상상을 하며 머리를 쓰는 책 읽기는 하나의 고통스러운 일로 전락할 가능성이 큽니다.

아이가 책에 자연스럽게 노출될 수 있는 도서관이나 서점에 가서 주말을 함께 보내면 어떨까요? 아이와 자연스러운 대화를 통해 성향과 상황에 맞는 책을 골라 보세요. 자연스럽게 책과 친해지는 아이의 모습을 볼 수 있을 겁니다. 아이와 함께 도서관이나 서점에 가면 아이는 스스로 책을 고르는 연습을 하게 됩니다. 책의 일부를 보고 읽을지 말지 결정하거나 다른 책과 비교해 보는 연습을 합니다. 이때 아이에게 "어떤 책을 읽고 싶니?"라고 질문해 주세요. 아이는 나름대로 분석하여 자신의 의견을 말합니다. 부모와 이런 대화를 나누다 보면 자연스럽게 책을 고르는 기준과 방법을 알게 됩니다.

아이가 책에 흥미를 느낄 수 있게 해주고 편안한 독서 환경을 만들어 주면 좋습니다. 저학년까지는 식탁이나 큰 책상에 가족이 다 같이 앉아서 독서나 여러 활동을 하는 것이 아이에게 안정감을 줍니다.

부모와 아이가 서로 읽고 싶은 책을 읽거나 부모와 아이가 함께 책을 읽는 것도 좋습니다. 가장 똑똑하다고 알려진 유대인들은 아이가 세 살 때부터 아버지가 저녁마다 『탈무드』를 한 페이지씩 읽어 준다고 합니다. 아무리 힘들어도 하루 책 한 권 읽어 주기를 실천해 보면 어떨까요? 정서가 안정된 아이들이 평생을 건강하게 살아갈 힘을 얻습니다.

ELEMENTARY 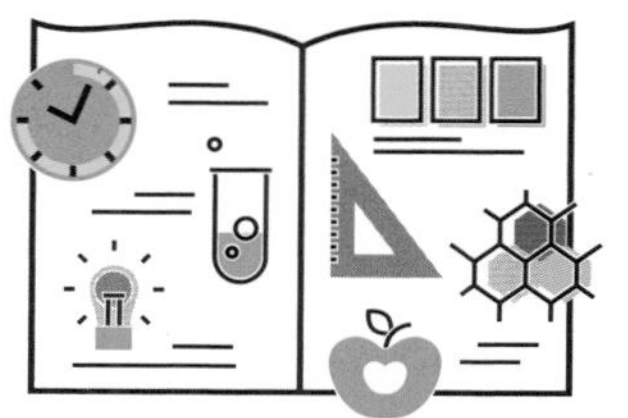 READING

책을 읽으면 학교 공부도 잘한다

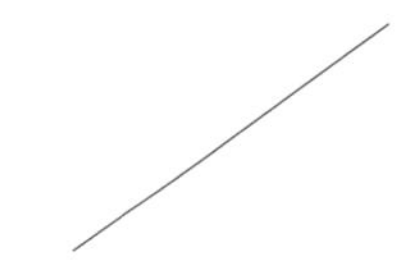

부모들이 자주 묻는 말 중에 "독서를 많이 하면 공부를 잘한다고 하는데, 우리 아이는 책은 많이 읽는 것 같은데 공부를 못 해요. 우리 딸 친구는 책도 안 읽는데 공부만 잘하던데 독서와 시험 성적이 관련이 있나요?"입니다. 독서를 많이 하는 아이들이 어휘력이 풍부해지고, 의사소통 능력도 또래보다 월등하다는 것은 잘 알고 있습니다. 그렇다면 똑똑한 아이를 만들려면 꼭 독서를 해야 할까요?

2015 개정교육과정에서 한글은 학교에서 배우면 된다고 강조합니다. 정말 한글을 학교에서 배우면 될까요? 일부는 맞고 일부는 틀립니다. 아이가 한글을 학교에서 배우면 충분히 따라갈 수 있도록 교육과정은 구성되어 있습니다. 하지만 여기에 하나의 맹점이 있습니

다. 이는 집에서 부모와 충분한 상호작용을 통해 복습이 될 때를 뜻합니다.

'학교에서 모든 걸 가르치니까 다 되겠지.'라고 생각하는 부모들이 많습니다. 물론 학교에서는 정해진 교육과정 시간에 열심히 교육합니다. 하지만 학교에서 배우는 5시간 외에는 집에서 대부분 시간을 보냅니다. 집에서 부모와 상호작용이나 글씨를 함께 써보거나 책을 읽는 활동이 없다면 아이에게는 충분한 언어 사용 환경이 제공되지 않습니다.

실제로 우리나라에서 독학으로 열심히 영어를 배우는 것보다, 미국에 가서 살면서 엄청난 양의 영어를 들으면 빠른 시간 안에 영어를 습득하게 됩니다. 마찬가지로 집에서 부모의 충분한 관심과 사랑이 있다면 입학 후 학교에서 배운 한글만으로도 교육과정을 충분히 따라갈 수 있습니다. 그런데 부모와 상호작용이 많지 않은 아이들은 2학년이 되어서도 글씨를 읽고 쓰는 데 어려움을 보이는 아이들이 많습니다.

초등학교 1학년은 아이들이 자신감의 기초를 쌓는 시기입니다. 한글을 선행학습 할 필요는 없지만, 아이가 학교에서 배운 글자를 복습할 수 있도록 책을 읽어 주세요. 집에서 도와주지 않은 아이들은 글씨를 익히기 어려워하고, 수업시간에 자신감을 잃습니다. 그러면 수업이 재미없어지고 괜히 주변 친구들을 건드리거나 딴짓을 하기도 합니다. 지난 시간에 배운 단어도 못 외웠는데 다른 단어가 새롭게 나오기 때문이죠. 학습은 단계적으로 이루어집니다. 아이의 10년 넘는 공부 계획의 기초가 되는 초등학교 저학년 시기에 한글을 꼭 습득해 학습에 자신감을 길러 주세요. 그리고 2학기가 되어 배운 글씨를 반복적으로 쓰게 될 때 글자를 못 쓰는 아이들은 굉장히 부끄러워합니다. 한번 배움에 부끄러움을 느낀 아이는 초등학생 기간 내내 이어질 수 있습니다.

독서습관이 몸에 밴 아이는 국어와 수학을 공부할 때 높은 이해력으로 쉽게 접근하며 도전정신이 있습니다. 수학은 수학 관련 도서를 읽고, 사회는 다양한 위인전을 읽어 보세요. 초등학교 1학년 국어는 아이가 그림책을 평소에 자주 읽고 부모와 대화하는 습관을 지니고 있다면 따로 문제집을 풀거나 학습할 필요가 없습니다. 가정에서의 독서가 국어의 모든 것이라고 해도 무방합니다. 다만 아이와 함께 그날 배운 내용을 함께 이야기 나눠 보고 다시 한 번 활동하는 것은 아이가 국어 교과에 흥미를 느끼게 하는 데 도움이 됩니다. 아이와 함께 그날 배운 내용에 관해 이야기를 나누어 주세요.

교육과정이 개정되면서 수학 교과서는 '실생활 수학', '스토리텔링 수학'으로 바뀌었습니다. 따라서 평소에 수학과 관련된 책을 미리 빌려보는 것을 추천합니다. 초등학교 1학년 수학은 실제 사물들을 통해 수학을 배우기 때문에 가정에서도 다양한 사물들로 숫자 세기나 덧셈 뺄셈을 연습시키면 아이들의 수학 공부에 도움이 됩니다. 1학년 때 배우는 수학의 대부분은 가정에서 미리 배우는 내용이 많습니다. 예를 들어 떡볶이를 먹을 때 몇 개 먹었는지 세어 본다거나, 장난감 5개를 나누어 줄 때 아빠한테 2개 주고, 엄마한테 1개 줘서 자기한테 1개가 남았다는 내용을 뺄셈과 관련지어 반복 학습하면 좋습니다.

학교에서 수학익힘 책을 푸는 경우가 많은데 인터넷 서점을 통해 한 권 더 구매하는 것을 추천합니다. 수학 공부에서 가장 중요한 부분 중 하나는 틀린 문제를 다시 풀기입니다. 아이가 학교에서 푼 것을 집에서 부모님과 한 번 더 풀어보며 이야기를 나누면 아이의 수학 공부에 대한 흥미와 복습 효과로 아이의 사고력 발달에 큰 도움이 됩니다. 그리고 틀린 문제는 수학 노트에 다시 한 번 개념과 식을 써보고 풀어 보는 과정을 꼭 거쳐야 합니다. 틀린 부분은 교과서를 찾아서 다시 한 번 읽어 보고 이해하는 과정이 필요합니다. 초등학교 고학년이 되면 아이들 입에서 "난 수학 포기했어."라는 말이 종종 나옵니다. 이와 같은 아이들과 대화를 나눠 보면 틀린 문제를 되짚어 보는 과정이 부족한 경우가 대부분이었고, 오답노트를 하는 이유를 쉽게 이해하지 못했습니다. 따라서 아이와 함께 틀린 문제를 다시 한 번 풀어 보는 기회를 저학년 시기부터 갖는다면 아이가 수학을 가까이하는 데 도움이 됩니다.

요즘은 맞벌이 가정이 늘면서 아이들의 학습에 신경을 많이 쓰기 힘든 게 현실입니다. 이를 위해 사교육 시장에서는 인터넷을 통한 학습, 서술형 문제지, 서술형 학습, 만화로 배우는 학습 등 엄청나게 다양한 교육 방식이 쏟아져 나오고 있습니다. 과연 이와 같은 교육 방식이 자녀의 공부에 도움이 될지 신중하게 고민해 봐야 합니다. 수학책과 수학익힘책에 대한 완벽한 이해가 선행될 때 아이들이 다른 공부를 추가로 하는 것을 권장합니다.

그렇다면 교과별 학습을 잘하는 아이와 그렇지 않은 아이의 특징을 살펴보며 교과와 독서의 관계에 대해 자세히 알아봅시다.

국어를 잘하는 아이와 어려워하는 아이

국어를 잘하는 아이들은 책을 잘 읽고, 발표도 잘하고 자신의 생각도 여러가지 방법으로 잘 표현합니다. 이해력과 표현력도 뛰어나죠. 최근 초등학교는 예전과 다르게 어려운 숙제를 내서 아이의 숙제를 부모의 숙제로 만드는 일을 지양합니다. 학교에서는 아이 스스로 할 수 있는 정도의 숙제를 내지만, 간혹 부모의 욕심 때문에 엄청난 결과물이 아이 손에 들려 학교에 올 때가 있습니다.

부모는 조력자의 역할만 수행해야 합니다. 숙제는 아이의 몫입니다. 스스로 할 수 있도록 지켜보고 도와주는 선에서 멈춰야 합니다. 부모가 주도적인 역할을 계속한다면 자녀는 친구들 사이에서 주도적인 모습을 잃을 수 있습니다. 아이 스스로 시행착오를 겪게 해주세요. 부모는 옆에서 듣고, 조언을 해주고, 지켜봐 주는 역할이 오히려 최고의 부모가 되는 지름길입니다.

국어를 어려워하는 아이는 집에서 부모와 대화하는 시간을 늘리는 것이 필요합니다. 밥상머리 대화는 식사시간 아이와 이루어지는 대화로 전자기기들은 모두 꺼두고 함께 해주세요. 이때 주고받는 다양한 주제의 대화로 자녀의 창의성과 자존감을 키울 수 있습니다. 훈육보다는 "오늘 어땠어?", "뭐하면서 놀았어?"와 같이 하루를 되돌아볼 수 있는 질문이 아이의 기억력과 암기력을 높일 수 있습니다. 책을 통한 대화라면 더욱 구체적인 내용으로 이야기할 수 있습니다. 하나의 대화 매개체가 되는 거죠. 또한 집에서 대화를 통해 긍정적인 에너지를 얻은 아이들은 학교에서도 국어 시간에 적극적으로 말하거나 참여를 통해 자연스럽게 국어에 대해 긍정적인 생각을 갖게 됩니다.

수학을 잘하는 아이와 어려워하는 아이

수학을 잘하는 아이들은 선행학습을 하는 경우가 많습니다. 하지만 지나친 선행학습은 아이들 발달단계와 맞지 않아 공부에 대한 반감을 일으켜, 궁극적으로 공부란 지치고 힘든 것이라는 인식을 심어줄 수 있습니다. 물론 아이들의 성향에 따라 선행학습이 잘 맞는 아이도 있습니다. 하지만 아이가 벅차 하는 게 눈에 보이면 과감히 페이스를 조절해 주세요. 학습은 1년만 하는 것이 아니라 평생 이어지는 습관입니다. 선행학습을 지나치게 많이 한 초등학교 1학년 아이들은 수업시간에 집중력이 떨어지는 모습을 보입니다.

선행학습을 한 아이들은 원리를 이해하고 문제를 해결하기보다는 반복해서 외운 공식으로 문제를 해결하는 데 집중합니다. 이러한 아이들이 지금은 공부를 잘하고 똘똘한 아이처럼 보이지만, 실생활과 관련된 문제나 고민하면서 풀어야 하는 문제에 대해서는 어려움을 호소합니다. 결국 잘못된 공부습관으로 학년이 올라갈수록 수학을 어려워하고, 멀리하게 됩니다. **수학에서 실생활 문제는 일종의 독서와 같습니다. 글을 읽고 이해해야 합니다. 이해력이 부족한 아이들이 문장제 문제에 특히 약합니다.** 수학을 어려워하는 아이들은 수학책에 있는 활동을 부모님과 함께 해보세요. 구체물을 통해 함께하는 복습은 수학적 개념을 이해하는 데 도움이 됩니다. 또한 독서를 통해 문장 이해능력을 기르는 것이 필요합니다.

선행학습을 한 아이들은 '이미 배워서 다 아는 거야.'라고 생각하며 학교에서 선생님의 설명을 주의 깊게 듣지 않습니다. 선행학습을 통해 이미 배울 내용을 다 알면 학교에 가서 더 쉽게 이해할 수 있을 거라고 부모들은 생각합니다. 하지만 아이들은 이미 알기 때문에 수학시간이 지겨운 시간으로 바뀌고, 필기구를 만지작거리거나 옆 친구에게 말을 거는 등의 산만한 행동을 합니다. 초등학교 1학년은 학원에서 한 학기 이상 선행학습을 하기보다는 아이와 함께 가정에서 부모가 한 단원 정도 미리 공부할 내용을 살펴보며 대화를 나눈다면 가장 훌륭한 수업 준비가 아닐까 생각합니다.

수학은 문제집을 아이와 함께 풀어 주세요. 아이 스스로 고생하면서 풀이 과정을 경험해 봐야 합니다. 아이와 함께 서점에 가서 마음에 드는 문제집을 고르고, 하루 20~30분 정도 두세 페이지 정도 풀기를 약속하고 실천하는 시간을 가지세요. 아이가 하루 30분 수학 공부 습관을 지니면, 학원에서 한 시간 공부하는 것보다 훨씬 더 도움이 됩니다. 기회가 된다면 수학 공식으로 이야기를 만들거나 문장제 문제를 만들어 보는 것도 독서와 같은 효과를 낼 수 있습니다.

ELEMENTARY READING

초등학교 저학년
독서습관 만들기 결정적 시기

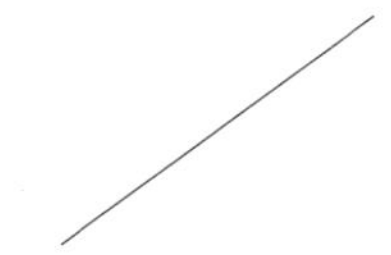

초등학교 저학년은 책 읽기의 결정적 시기이자 평생 독서습관을 결정짓는 마지막 시기입니다. 기초공사가 튼튼한 집은 100년이 지나도 무너지지 않습니다. 독서도 마찬가지로 초등학교 저학년 시기에 올바른 독서습관을 지닌 아이들은 평생 책과 함께하는 삶을 살아갑니다.

책 읽기는 책을 가까이하는 데서 시작합니다. 레고를 좋아하는 아이는 주변에 레고가 있고, 공룡을 좋아하는 아이는 항상 주변에 공룡이 있습니다. 마찬가지로 책을 좋아하는 아이는 항상 주변에 책이 있습니다. 책이 주변에 있는 방법은 아이만의 도서관을 만들거나, 동네 도서관을 자주 이용하거나 책을 자주 읽어 주는 방법 등 여러 가지가 있습니다.

①책과 함께 놀기

책과 친해지는 또 하나의 방법으로 책과 함께하는 놀이가 있습니다. 실제로 책을 읽는 것이 아니라 책을 이용해 높이 탑 쌓기를 하거나 다양한 도형 만들기, 거실에 미로 만들기 등 책 자체와 가까워지게 하는 방법입니다. 이 방법은 아이가 책으로 재미있는 활동을 하며 책에 대한 거부감을 없애고 가까워지게 만드는 효과가 있습니다.

②책 읽어 주기

책을 통한 놀이가 끝났다면 누군가 책을 읽어 주면 좋습니다. 유튜브의 책 읽어 주는 영상을 보면 동화구연을 실감 나게 하는, 멋진 목소리를 가진 유튜버들이 많습니다. 하지만 실제로 저학년 아이들은 무미건조하게 책을 읽어도 매우 재밌어하고 신기해합니다. 저학년 아이들에게는 누군가가 자신에게 책을 읽어 주는 경험이 중요하고, 부모가 읽어 준다면 더욱 좋습니다.

③서점이나 도서관에서 책 고르기

이제 재미있는 책을 읽고 아이가 스스로 책을 찾아 읽는 모습을 보였다면 서점이나 도서관에 가서 함께 책을 골라 보세요. 이때 부모가 고른 책 한 권과 아이가 고른 책 한 권을 골라 두 권 모두 집에 가서 읽어 보세요. 성인과 마찬가지로 아이도 자신이 좋아하는 분야의 동화책만 읽으려고 하는 경우가 많습니다. 하지만 아직은 모든 것을 경험해 보는 것이 더 중요한 만큼 부모가 고른 책도 함께 보자고 이야기해 주세요. 그리고 아이가 고른 것과는 조금 다른 책을 골라 주세요. 이 시기에 다양한 경험을 쌓으면 책과 세상을 보는 아이의 시각을 넓힐 수 있습니다.

④다시 한 번 반복해서 읽기

마지막으로 이와 같은 모든 단계를 마쳤다면 아이와 함께 읽은 책을 여러 번 읽어 보는 시간을 가져 보세요. 아이는 다시 읽는 과정을 통해 자신의 기억을 되짚어 보고, 내용의 인과관계 및 이어지는 내용에 대해 다시 한 번 생각해 보는 기회를 가집니다.

책은 언제 읽고 공부는 언제 하나요

"엄마, 나 책 읽어도 돼요?"

"수학 문제 다 풀고 읽어."

초등학교 저학년 아이들은 학원 숙제를 하면서 종종 부모에게 물어봅니다. 그러면 엄마는 이처럼 대답합니다. 부모로서는 아이가 수학 문제를 풀고 싶지 않아서 꾀를 부린다고 생각할 수 있습니다. 공부가 독서보다 우선 되어야 한다는 생각을 단적으로 드러낸 것입니다.

대부분 부모는 독서도 중요하지만 공부가 우선이라고 생각합니다. 또한 아이가 3.4학년으로 올라갈수록 과학이나 역사 관련 도서 쪽으로 권장하는 성향을 보입니다. 그리고 1.2학년과는 다르게 아이들이 3.4학년이 되면 영어, 수학 학원을 많이 다니기 시작해서 학원공부와 숙제하기도 다소 빠듯해집니다. 따라서 부모는 아이가 숙제하다가 남는 시간에 틈틈이 책을 읽기를 바랍니다.

하지만 누구에게나 휴식은 필요합니다. 하루 종일 공부하고 저녁에 집에 돌아온 아이는 '이제 겨우 쉴 수 있다.'라는 생각을 합니다. 이런 아이에게 책을 읽으라고 하면 과연 어떤 일이 벌어질까요? 독서에 대한 반감만 생기지 않을까요?

아이들의 발달단계는 모두 달라서 학년이 올라가도 여전히 동화책에서 자신의 상상력을 펼치는 아이들이 많습니다. 하지만 아이들이 흥미 없어 하는 도서를 억지로 읽게 하는 것은 아이에게 수학 문제를 억지로 풀게 하는 것과 같습니다. 즉 독서가 재미있는 활동이 아니라 수학 문제처럼 의무적으로 해야 하는 것으로 인식됩니다.

독서는 틈날 때 하는 활동이 아닙니다. 학교 공부, 학원 공부가 정해진 시간만큼 해야 하듯이 독서도 반드시 일정 시간을 차지하는 활동이 되어야 합니다. 초등학교 저학년 아이는 수학 문제를 한 문제 더 푸는 것보다 아이가 좋아하는 책 한 페이지를 읽는 것이 더욱 중요합니다.

저학년 시기에 독서와 학습에 대한 흥미를 잃으면 고3 졸업까지의 시간이 험난해질 가능성이 큽니다. 집에서 하루에 독서를 30분 했으면, 공부는 학원을 포함해 최대 2시간 정도만 하게 해주세요. 부모의 지나친 욕심은 두 마리 토끼를 쫓다가 모두 놓치는 일을 야기할 수 있습니다. 초등학교 1학년 때는 독서와 학습의 비율을 9:1로 시작해 2학년에는 8:2, 3학년은 6:4, 4학년은 5:5로 해주세요. 앞으로 아이가 공부할 시간은 많지만 책을 읽을 시간은 많지 않다는 걸 꼭 기억해 주세요.

한 가지 사례로 수학능력시험을 보면 평소에 공부를 많이 하지 않는 아이들도 국어에서는 고득점을 맞는 경우를 주변에서 볼 수 있습니다. 그 반대로 정말 열심히 공부해도 고득점을 받지 못하는 아이들도 많습니다. 그 원인은 바로 독서의 힘입니다. 어렸을 때부터 책을 많이 읽고 마음으로 책을 이해해 보는 연습이 된 아이들은 어떤 상황에서든 지혜를 발휘할 수 있습니다. 책을 많이 읽으면 해당 책의 내용이 머릿속에 그려지며 내용이 자연스럽게 예측됩니다. 물론 다른 교과에도 자연스럽게 영향을 미치게 됩니다.

선진국의 독서교육

2015년 문화체육관광부에서 실시한 해외 주요국의 독서실태 및 독서문화진흥정책 사례 연구를 보면 우리나라의 독서율은 74.4%로 조사국 중 중간 정도에 위치합니다. 흥미로운 사실은 우리나라

16~24세의 독서율은 87.4%로 조사국 중 가장 높다는 사실입니다. 하지만 동시에 학업 및 업무와 관련된 책 읽기를 하는 독자 비율이 전 인구의 49.49%로 조사국 중 가장 높습니다. 즉 읽고 싶은 책을 읽는다기보다는 공부나 업무를 위해 책을 읽는 사람이 많다는 뜻입니다.

미국, 영국 등 선진국들은 모두 국가 차원에서 독서교육이 이루어지고 있으며 저소득층 아이들을 위한 독서 프로그램과 학교 독서교육을 운영하고 있습니다. 미국은 독서 분야에서 쓰기에 중점을 둔 독서교육을 진행하고, 책 읽어 주는 프로그램도 활발하게 운영 중입니다. 또한 교사가 원한다면 언제든지 학교 수업을 도서관에서 할 수도 있으며 수많은 어린이 독서교육 전문가를 양성하여 독서교육에 힘쓰고 있습니다. 영국에서는 0~1세 영아들에게 책을 나눠 주는 북스타트 운동을 90퍼센트 지자체에서 실행하고 있으며, 북 토큰 운동을 통해 셰익스피어의 탄생일인 4월 23일에 영국과 아일랜드의 모든 어린이에게 1파운드짜리 북토큰을 나눠 주는 행사를 진행하고 있습니다.

전 국토의 75퍼센트가 삼림으로 뒤덮여 있고, 전체 인구 520만 명인 핀란드는 독서교육으로 유명합니다. 우리나라 인구의 10분의 1이 채 되지 않는 핀란드가 어떻게 해서 교육으로 유명해졌을까요? 핀란드는 어렸을 때부터 읽기 교육을 강조합니다. 핀란드의 대부분 가정에서는 아이가 어렸을 때부터 잠들기 전에 책을 읽어 주는 것이 하나의 문화로 자리 잡았습니다. 어렸을 때부터 자연스럽게 몸에 밴 독서습관과 식탁에서 이루어지는 대화와 토론은 아이들에게 생각하는 법, 책임감, 배려와 존중의 마음을 키워 준다고 합니다. 어렸을 때부터 TV와 스마트폰에 노출되고 배려보다는 자기 자식이 잘못해도 무조건 감싸는 문화 속에서 자라난 아이들이 과연 공동체 의식을 가질 수 있을까요?

여러 나라에서 진행하는 독서교육의 실천 방법은 다 다르지만, 목표는 뚜렷합니다. 어려서부터 책과 가까이하는 분위기를 만들고 언제든 책을 읽을 수 있는 환경을 조성하는 것입니다. 이를 위해 국가의 독서교육 정책 및 교육, 사회의 변화도 필요하지만 누구나 쉽게 실천할 수 있는 가족의 문화를 바꿔 보는 건 어떨까요? 이를 위해 아이와 함께 스마트폰 사용 시간을 제한해 보세요. 정해진 시간에만 규칙을 정해서 사용하고 그 외 시간에는 마음을 나누는 독서 활동을 해보세요. 이때 반드시 부모도 함께 스마트폰과 멀어지는 것이 필요합니다. 벽에 스마트폰 보관함을 두고 하루에 정해진 시간만큼만 사용하고 다시 넣어 두세요. 그리고 다 같이 대화하는 시간을 늘려 보세요.

아이를 낳았다고 부모가 되는 것은 아닙니다. 아이를 키울 준비가 되었을 때 부모가 된다는 말이 있습니다. 학교나 주민센터, 도서관 등 우리 주변 어디서든 무료로 부모교육을 들을 수 있는 강좌가 많습니다. 시간이 되면 꼭 참여해 자녀를 올바르게 키우기 위한 시간을 가져 보는 것도 좋습니다.

학교에서 이뤄지는 독서교육

1. '온작품' 읽기

온작품 읽기란 교과서에 실린 문학작품의 일 부분이 아닌, 하나의 온전한 문학작품으로 수업했을 때 아이들의 전인적 성장에 도움이 된 사례를 적용, 발전시켜 대부분 학교에서 실행하는 방법입니다. 문학작품 전체를 읽어 보며 다양한 활동을 하거나, 아이들이 스스로 만들어 가는 독후 활동 등을 진행합니다.

최근 학교에서는 아이들의 참된 성장을 위해 하나의 작품을 중심으로 수업을 재구성하는 '교육과정 재구성'을 많이 합니다. 많은 학교에서 이를 적용해 온작품으로 선정된 도서를 통해 주제 중심 통합 교육을 합니다. 예를 들어 '친구의 중요성을 깨달을 수 있다'라는 학습목표를 달성하기 위해 교과서가 아닌 『내 멋대로 친구 뽑기』를 함께 읽어 보며 수업을 합니다.

온작품 읽기는 문학작품을 통해 상상력과 실제 표현능력, 의사소통 능력 등 전반적인 능력을 기를 수 있습니다. 학교에서 온작품 읽기 도서가 선정되면 아이와 함께 그 책을 미리 한 번 꼭 읽어 보기를 추천합니다. 학교에서 아이들이 책 읽는 시간도 있고, 다양하게 활동하는 시간도 있지만, 저학년은 온작품 선정 책을 미리 읽어 보는 것이 여러 활동을 할 때 도움이 많이 됩니다. 학교마다 다양한 방법으로 책을 선정하는데, 보통 4월 이전까지는 내부에서 선정하거나 일부 학교에서는 투표로 결정하기도 합니다.

온작품 읽기 수업에 적응하기 위해서는 아이가 같은 책을 여러 번 읽어 보는 것도 필요합니다. 온작품 읽기는 한 학기 한 권 읽기로서 책을 읽고, 또 읽고, 다시 한 번 읽으며 여러 가지 활동을 하며 한 권의 책으로 할 수 있는 모든 활동을 합니다. 따라서 반복 읽기에 익숙해질 수 있도록 아이와 반복적으로 책을 읽어 보세요.

2. 학교 도서관

① 학교 도서관 이용하기

학교 도서관 이용은 학교에 따라 다르지만 일반적으로 대출 기간은 1주일입니다. 대출 권수는 3~5권으로 제한되며, 연체될 경우 연체한 기간만큼 빌릴 수 없습니다(예를 들어, 3일 연체되었으면 반납한 날로부터 3일 동안 대출할 수 없습니다). 이 부분에 대해 아이들이 스스로 책임감을 가지고 대출과 반납을 할 수 있도록 지도합니다. 특히 책을 분실하면, 직접 책을 인터넷이나 서점에서 구매하여 도서관에 다시 반납해야 합니다. 도서관은 방학 때도 운영되는 경우가 많으니 자주 이용할 수 있도록 합니다. 1년에 1~2회 정도 가정통신문을 통해 학교 도서관에서 구매 희망도서 목록을 작성합니다. 읽기를 원하는 책의 목록을 적어서 내면 학교 도서관에서 해당 책을 구입합니다. 예산에 따라 구입하지만, 아이가 읽고 싶었던 책을 의논해서 써보는 과정 자체가 의미 있습니다.

상황에 따라 다르지만 대부분 오후 3~4시까지는 운영되며, 사서 도우미나 사서 교사가 상주합니다. 방과후 수업 신청을 못 했거나 돌봄 교실에 선정되지 않았다면 도서관에서 책을 읽는 습관을 키워 주는 것도 좋습니다.

② 학교 도서관에서 책 고르는 법

학교 도서관에서 책 고르는 법은 한국십진분류표KDC를 알고 활용하면 되지만, 1학년 아이들은 책을 쉽게 찾기 힘듭니다. 도서관에 있는 사서 교사나 사서 도우미에게 도움을 요청하면 됩니다. 1학년 아이들은 학교 적응기로 수업시간 중 담임교사와 함께 도서관 사용법을 반복해서 익힙니다. 아이와 함께 학교에서 읽은 책에 대해 부모에게 이야기하는 연습도 아이에게는 좋은 경험이 될 수 있습니다.

③ 방과후 학교 도서관 이용하기

요즘 맞벌이로 인해 아이들을 방과후 학원과 방과후 수업으로 돌린다고 표현합니다. 이때 아이가 여유롭게 자기 생각을 할 수 있는 학교 도서관을 스스로 이용하는 시간을 주는 건 어떨까요? 생피에르는 "좋은 책은 좋은 친구와 같다."라고 말했습니다. 방과후 아이들은 도서관에서 책 속의 새로운 친구들과 사귈 수 있습니다. 이때 자연스럽게 도서관에서 마주치는 아이들과 책으로 대화를 나누며 가까워질 수도 있습니다.

일주일 내내 도서관을 이용하는 것은 아이와 부모 모두에게 부담이 될 수 있습니다. 부모는 도서관에서 다음 학원으로 이동할 때 부담감을 느낄 수 있습니다. 따라서 아이와 함께 일주일에 1~2일 정도 날짜를 정해 도서관을 이용해 보세요.

④ 독서 축제

학교별로 다르지만 대부분 학교에서는 독서의 날 행사를 하고 있습니다. 일주일은 독서 기간으로 지정해 월요일은 독후 그리기 활동, 화요일은 책 읽어 주기, 수요일은 독서 퀴즈, 목요일은 독서 편지 쓰기, 금요일은 독서 축제 등 다양한 프로그램을 진행합니다. 이와 같은 독서 주간에 아이들이 참여하면 다양한 상품이나 보상을 받을 수도 있습니다.

아이가 학교 독서 축제에 참여할 수 있도록 격려해 주세요. 독서 축제는 아이가 학교 도서관과 친해지게 만드는 하나의 계기가 될 수 있습니다. 도서관에 열심히 다니는 고학년들이 많은데 대화를 조금만 나눠보면 저학년 때부터 학교 도서관을 쭉 이용했다고 합니다. 즐거운 축제를 통해 책과 가까워지는 계기가 될 수도 있습니다.

2장

초등 저학년을 알아야 방법이 보인다

ELEMENTARY 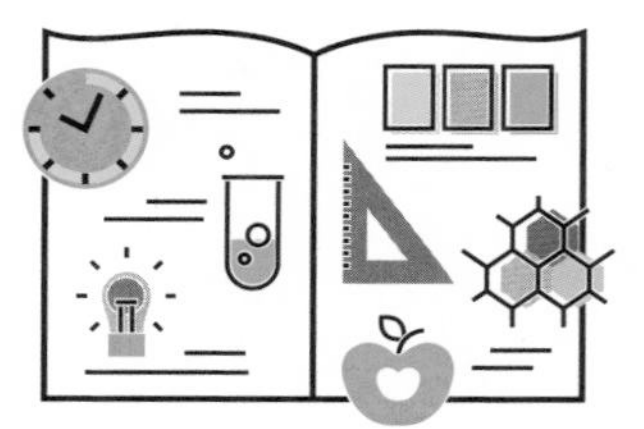 READING

초등 1~2학년,
책과 친해지고 싶어요

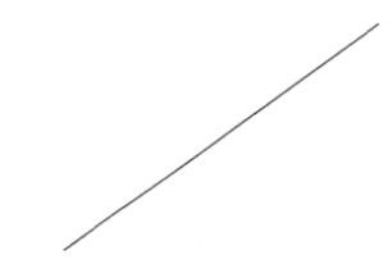

누구나 독서의 중요성은 잘 알고 있습니다. 우리 아이도 책을 많이 읽고 똑똑해지기를 바랍니다. 책을 많이 읽히고 싶다면 먼저 초등 1.2학년에 대해 알아야 합니다. 무엇을 좋아하고 어떤 특징이 있는지 안다면 책과 친해지게 하는 방법도 찾을 수 있습니다.

1.2학년은 주로 그림책과 동화책을 많이 읽습니다. 학습만화에도 많은 흥미를 보입니다. 책을 읽는 데 익숙한 아이들은 줄글도 술술 읽습니다. 초등학교 1학년 교실은 보통 한 학급에 네다섯 명을 제외하곤 대부분의 아이들이 글씨를 읽고 쓸 수 있는 상태에서 입학합니다. 물론 1학년 교육과정에 한글 수업이 있으니 자녀가 글을 깨우치지 못했다고 걱정할 필요는 없습니다.

초등학교 1.2학년은 어휘력이 폭발적으로 증가하는 시기입니다. 이때 책을 읽으면 어휘력을 풍성하게 늘리는 데 도움이 됩니다. 아이는 책에 있는 글을 읽고 모르는 단어를 추측하고 질문을 통해 단어의 뜻을 알아냅니다. 독서는 많은 돈이 필요하지 않아요. 다만, 자기 노력과 열정이 필요한 두뇌 개발법입니다. 초등학생 아이가 자신의 노력과 열정으로 책을 읽기는 쉽지 않습니다. 아이들은 아직 산만하고 자기중심적이고 다양하고 즉각적인 변화에 관심이 많기 때문입니다. 이 같은 아이들에게 독서에 흥미를 갖게 하려면 부모의 노력과 관심이 필요합니다. 부모가 아무 관심이 없는데 아이 스스로 책 읽기를 바라지 마세요. 그런 특별한 아이는 많지 않습니다.

1.2학년 때 책을 많이 읽은 아이들은 친구들이 보기에 다소 어려운 책도 읽으며 친구들 앞에서 우쭐하는 모습도 종종 보이고 그에 비해 책을 많이 읽지 않은 아이들은 친구들의 그런 모습에 다소 위축되는 모습과 함께 책과 점점 멀어지기도 합니다.

초등학교 3.4학년이 되면 독서를 좋아하는 아이와 싫어하는 아이가 확연히 차이가 나는 시기입니다. 특히 3.4학년은 교과도 다양해지며 부모들이 아이들을 주요 과목 관련 학원에 많이 보내는 시기입니다. 따라서 기존에 책과 친하지 않았던 아이들은 더더욱 책과 멀어지기 쉬울 때이기도 합니다.

저학년 때 얼마나 책과 친해지느냐가 고학년까지의 독서습관에 큰 영향을 미칩니다. 초등 고학년의 독서습관은 중·고등학교 학습습관으로 이어지고 이는 결국 입시 결과로 연결됩니다.

또한 책을 많이 읽은 아이와 적게 읽은 아이는 글을 대하는 태도와 방식에서도 차이가 많이 납니다. 책을 많이 읽는 아이들은 교과서나 책을 접할 때 호기심으로 접근하고 책을 적게 읽은 아이들은 교과서나 책을 접할 때 막막하고 극복해야 할 대상으로 생각합니다. 결국 교과에 대한 자신감이 떨어져 독서와 학업 두 마리 토끼를 다 놓칠 수 있어요. 저학년 때 책을 많이 읽은 아이들은 책 한 권을 다 읽을 때마다 작은 성취감을 계속 얻습니다.

실제로 많은 부모가 책을 멀리하는 자녀로 인해 걱정합니다. 이해력이나 어휘력, 집중력이 부족할까 염려합니다. 책 읽는 습관을 갖는 것은 아이의 무궁무진한 역량을 키우는 데 필수 조건입니다. 깊이 있는 사고를 하는 나무가 되기 위한 밑거름이 되지요.

올바른 독서습관을 들이려면 어떻게 해야 할까요? 그 비법을 알기 위해 학년별 아이들의 특성에 대해 알아봅시다.

하고 싶은 게 넘치는 시기

초등학교 저학년 아이들은 하고 싶은 게 정말 많습니다. 교실에 가만히 앉아 있는 것도 힘들어하고, 5분 이상 같은 활동에 집중하기도 힘들어하고, 색칠하면서도 주변 친구들이나 물건들에 동시에 관심을 보이기도 합니다. 1학년 담임을 하면 수업을 하는 도중 노래 부르는 아이, 돌아다니는 아이, 옆에 앉은 친구를 손가락으로 찌르는 아이, 속상해서 우는 아이, 손에 있는 물건에 더 관심이 있는 아이 등 각양각색의 행동을 하는 아이들을 볼 수 있습니다.

1학년 담임교사를 하다 보면 "선생님"이라는 단어를 하루에 최소 500번은 듣습니다. "선생님, 이거 써도 돼요?", "선생님, 쉬 마려워요", "선생님, 쟤가 제 지우개 뺏어갔어요" 등 하루에도 선생님에게 수많은 이야기를 합니다. 실제로 저학년과 고학년 담임선생님은 서로 다른 고충을 겪습니다. 저학년은 발표를 많이 해서 수업시간을 훌쩍 넘기는 어려움이 있고, 고학년은 아이들이 입을 꾹 다물고 있어 애로사항이 있습니다. 놀이 활동을 하면 저학년은 설명도 듣기 전에 너무 열심히 하고 고학년은 안 하려는 아이들이 꽤나 많습니다.

발표도 많이 하고 싶고, 새로운 것도 많이 하고 싶은 우리 아이들을 위해 독서는 가장 좋은 친구가 되어 줍니다. 독서를 하며 여러 가지 활동을 하면 자연스럽게 새로운 상황들을 접해 보고, 문제 해결방법에 대해서도 한 번 더 생각하게 됩니다. 아이들은 이러한 과정을 통해 새로운 경험을 할 수 있습니다.

사람은 태어나면 시각보다는 청각에 많은 것을 의존합니다. 주변 소리에 민감하고 청각적인 자극에 더 반응하게 됩니다. 그래서 눈으로 보는 것보다는 소리를 듣고 반응하는 데 더욱 익숙합니다. **발달단계상 1학년이 되면 청각적인 자극과 시각적인 자극 모두 발달합니다. 그래서 초등 저학년 아이들은 책을 읽어 주거나, 자신이 직접 읽**

는 두 가지 방법 둘 다 효과적입니다.

책을 통해 아이들은 다양한 상상력을 펼쳐나갑니다. 하늘을 날 수 있다고 믿거나 동화처럼 꿈속에서 뭐든지 할 수 있다는 비현실적인 믿음을 갖습니다. 아이와 책을 읽고 상상의 세계를 이야기 나누면 아이의 발달에 큰 도움이 됩니다. 특히 아이와 대화할 때 상상력을 자극하는 질문을 던지고 아이가 말할 때는 먼저 감정을 수용하고 존중하며 적절히 칭찬을 합니다. '설득형 대화'는 되도록 피해 주세요. 예를 들어 "지금 ~하면 엄마가 ~해줄게."처럼 조건을 붙이는 식은 단기적으로는 효과가 있지만 멀리 보면 보상에 집착하는 아이로 키울 수 있습니다.

세상의 중심은 나

발달 단계상 이 시기 아이들은 자기중심적 사고를 합니다. 친구 입장이 되어 생각하는 것이 어려워 친구들과 종종 다투기도 합니다. 제가 근무하는 초등학교에는 한 교실에 보통 30명 내외의 아이들이 있습니다. 이 아이들은 하루에 크고 작은 싸움을 10번에서 20번, 많을 때는 30번까지도 합니다. 그래서 아이들과 싸운 이유에 대해 말해 보게 하면 상대방의 잘못에 관해서만 이야기하고 자신의 잘못은 이야기하지 않습니다. 상대방이 나를 화나게 했기 때문이라는 거죠. 따라서 아이와 함께 책을 읽으며 감정을 교류하고 다른 친구의 관점에서 생각해 보는 활동이 필요합니다.

이 시기의 아이들은 티 나는 거짓말을 많이 합니다. 친구의 물건을 가져가기도 하고 혼날 상황에 직면하면 거짓말도 합니다. 물론 악의적인 거짓말이 아니라 순간적으로 튀어나온 거짓말이 더 많습니다. 하지만 이때 아이가 귀엽다고 그냥 넘어가면 안 됩니다. 부모의 말에 절대 수긍하는 시기이므로 잘못된 것은 분명히 이야기해 주세요. 부모의 조언을 듣고 옳고 그름에 대한 판단력이 생길 수 있습니다. 세상의 중심이 '나'인 아이에게 어떤 식으로 독서교육을 해야 할까요?

부모가 아이에게 그림책을 읽어 주면 아이는 자신이 부모에게 사랑받는다고 느낍니다. 부모와 자녀 사이에 친밀감을 높이고 아이의 정서적 안정에도 도움이 됩니다. 특히 잠들기 전에 부모가 책을 읽어 주면 좋습니다. 집중력이 좋은 시간대는 아니므로 길고 어려운 책보다는 내용이 명확하게 드러나는 짧은 책을 읽어 주세요.

부모와 함께 책을 읽으면 자연스럽게 언어능력이 향상됩니다. 어린아이가 언어를 처음으로 배우는 것은 '듣기'입니다. 듣기가 익숙해지면 말하게 되고 쓰기로 이어집니다. 부모가 열심히 책을 읽어 주고 다양한 독후 활동을 한다면 듣기와 말하기 능력이 길러지고 자연스럽게 쓰기 능력도 키워집니다.

이 시기 아이들은 책 내용을 스펀지처럼 흡수합니다. 따라서 올바른 도덕성을 심어줄 수 있는 동화책을 많이 읽는 것도 필수적입니다. 학교 교과서도 지식보다는 바른 인성 함양에 초점을 두고 있습니다.

학교에 적응하기, 공동체에 적응하기, 친구 간에 예절 지키기 등으로 저학년 학습이 이루어집니다. 초등학교 1학년 시기는 어린이집과 유치원에서 사회성이란 무엇인가 체험해 보던 아이들이 직접 몸으로 사회성의 바다에 뛰어드는 것과 같습니다. 다양한 책과 부모와의 대화로 학교에 잘 적응하고 행복한 아이로 만들어 주세요.

궁금한 게 많아요

아이들은 모르는 것도 많고, 궁금한 것도 많습니다. 2015년 개정 교육과정에서는 아이들이 한글을 모르고 학교에 입학해도 충분히 학교 교육과정에 따라 배울 수 있게 되어 있습니다. 실제로 학교에서는 새 학년 적응 프로젝트를 한 달씩 실시하여 아이가 학교에 적응할 수 있게 합니다. 새학년 적응 프로젝트는 친구들과 가까워지기, 학교 살펴보기, 줄 긋기, 색칠하기, 인사하기 등 학교에 적응하는 데 필요한 내용들을 배우는 과정입니다.

이때 부모의 역할이 필요합니다. 학교에서는 교육과정에 있는 모든 걸 가르칩니다. 하지만 아이가 그 내용을 모두 이해하지는 못할 수 있습니다. 배워서 익힌다고는 말할 수 없습니다. 학교에서 한글의 자음자와 모음자를 열심히 배워도 아이가 집중력이 부족하거나, 집에서 부모와의 소통이 부족하다면 한글 실력이 늘어날 수 없습니다. 한글을 읽고 쓰는 게 어려운 아이들은 교과서를 봐도 무슨 이야기인지 전혀 모릅니다. 아이들 관심사가 자주 바뀌는 만큼 배운내용도 금세 잊어버리기 쉽습니다. 따라서 초등 저학년 시기에는 꼭 아이가 학교에서 배운 내용을 함께 복습하고 재미있게 놀아 주세요.

저학년 때는 아이들의 질문, 표현은 필터를 거치지 않고 쏟아져 나옵니다. 이때 부모님의 따뜻한 반응이 필요합니다. 적절한 피드백을 받지 못한 아이는 자라면서 점차 호기심과 톡톡 튀는 표현력을 잃을 수도 있습니다. 사실 아이들의 질문에 그때그때 반응하기가 쉽지는 않아요. 최근 맞벌이하는 부모가 많기 때문입니다. 회사 끝나는 시간까지 맞춰 아이들을 방과후나 학원 스케줄을 빽빽하게 채워놓습니다. 또한 직장에서 안 좋은 일이 있거나, 자영업의 경우 장사가 잘되지 않아 스트레스를 받는 일이 많습니다. 아무 이야기도 하고 싶지 않은 이때 아이가 계속 질문을 한다면 어떤 부모가 친절하게 대답해 줄 수 있을까요?

가벼운 해결책을 제안하면, 아이의 질문에 친절하게 답하기 힘든 상황이라면 아이에게 이렇게 말해 주세요. "엄마(아빠)가 오늘 힘든 일이 있어서 좀 쉬어야 할 것 같아. 도와줄 수 있겠니?" 이 한마디면 됩니다. 아이에게 지나치게 완벽한 부모가 되려고 무리하지 마세요. 부모의 정서가 안정적이어야 아이에게도 친절하고 따뜻하게 대할 수 있습니다. 부모 자신이 행복하고 기쁨을 누릴 수 있는 사람이어야 아이도 그대로 자라날 수 있습니다.

시간이 된다면 자기 스스로 돌아보며 충분한 에너지를 얻는 시간을 가져 보세요. 부모가 행복해야 아이도 행복합니다.

상상의 나래를 펼쳐요

초등학교 저학년 아이들은 자신과 관련된 모든 일을 친구나 선생님에게 이야기합니다. 자신이 겪은 일, 집에서 부모님이 싸운 일, 상상한 일 모두 다 흥미로운 이야깃거리입니다. 심지어 어젯밤 꿈에 공룡과 싸우고 하늘을 날아다닌 이야기를 들려주기도 합니다.

저학년 아이들은 아직 상상과 실제가 함께 공존하는 시기입니다. 책 속에는 자신이 주인공이 될 수 있는 멋진 세계와 매력적인 등장인물이 있습니다. 아이들은 책을 읽으면서 실제로 자신이 주인공이 될 수 있다고 생각합니다. 책을 읽는 것으로 끝나지 않고 독후 활동을 하게 하여 아이의 상상력을 더욱 키우는 과정이 필요합니다. 책을 읽고 난 후 생각이나 느낌을 글과 그림으로 표현하게 하거나 말하게 합니다. 이때 자신의 의견을 논리적으로 자세히 이야기하는 아이가 있는가 하면, 그렇지 못한 아이도 있습니다. 이 차이는 어디서 발생할까요?

초등학교 저학년 담임을 하다 보니 체험적으로 알게 되는 사실이 있습니다. 책을 많이 읽는 아이의 어휘량이 적게 읽는 아이보다 월등하다는 것입니다. 수업시간에 짧은 글쓰기를 해도 책을 많이 읽는 아이들이 한 문장, 한 단어라도 더 길게 쓰는 것을 볼 수 있습니다. 초등학교 시절은 어휘량을 늘리는 데 최적의 시기입니다. 아이들이 초등학교 시기에 습득하는 어휘량은 전 생애에 걸쳐 가장 많은 부분을 차지합니다. 캐나다 언어학자 펜필드의 언어습득의 결정적 시기 이론을 보면, 아동기는 어휘 습득이 가장 왕성한 시기라고 합니다. 이때 습득한 언어를 성인이 되어서도 활용하여 토의, 토론, 일상생활에서 사용하게 된다고 합니다. 또한 일본의 교육심리학자 사카모토 이치로의 '아동 및 청소년의 어휘량 발달표'를 보면 초등 저학년에서 급격하게 어휘량이 증가하는 것을 볼 수 있습니다. 초등학교 시기에 매년 최소 2300개에서 6300여 개의 어휘를 습득하게 됩니다.

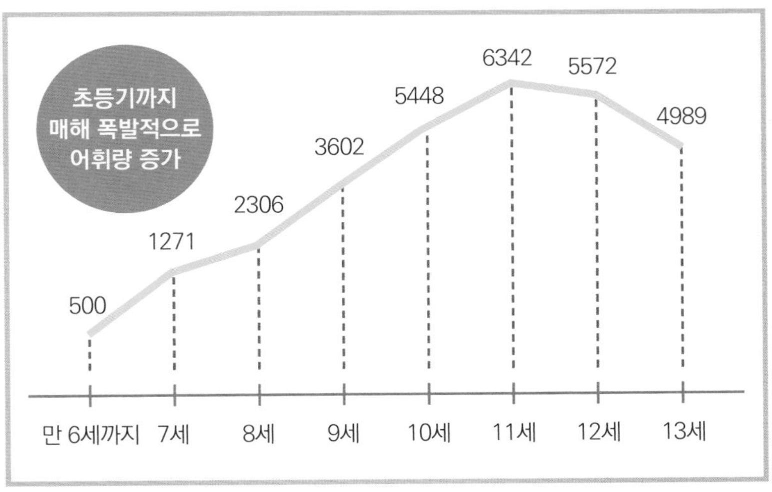

출처:사카모토 이치로<아동 및 청소년의 어휘량 발달표>

아이들의 어휘력을 증가시키기에 가장 좋은 방법은 독서입니다.

이 시기에 언어습득의 기회를 놓치게 된다면 아이는 어휘력이 부족한 상태로 중학생, 고등학생 시기를 맞이하게 될 수도 있습니다. 아이들에게 책 읽기는 즐거운 일이라는 인식을 심어주세요. 그러면 아이는 책 읽기에 푹 빠져 평생을 살아갈 수 있지 않을까요?

초등학교 교실을 보면 아이들에 따라 집중력에 차이는 있지만 책 읽기를 싫어하는 아이는 없습니다. 책이 신기하고 재미있기 때문입니다. 경험하지 못한 새로운 내용이 가득 담겨 있어 읽는 것 자체가 즐거운 활동입니다. 아이들에게 가장 중요한 가치는 '재미'입니다. 아이에게 책이 얼마나 재미있는지 알려주세요. 책과 함께 생활하는 것이 어릴 때부터 습관화되면 평생 독서의 기틀을 잡는 데 도움이 됩니다.

엄마 아빠 따라쟁이

저학년 아이들은 부모의 사소한 말이나 행동을 모두 따라 하며 배웁니다. 학교에서 아이들을 관찰해 보면 부모가 아이를 대하는 태도나 평소에 하는 대화 등을 쉽게 유추할 수 있습니다. 간혹 저학년의 경우 친구들에게 쉽게 화를 내거나 소리를 지르고, 욕설이나 폭력을 드러내는 아이들이 있습니다. 그런 친구와 대화를 해보면 어김없이 부모의 싸우는 모습을 봤거나 운전 중에 화내고 욕하는 모습을 봤다고 이야기합니다. 부모는 자녀의 거울입니다. 자녀에게 세상을 아름답게 볼 수 있게 하는 깨끗한 거울이 되어 주세요.

아이들은 부모님이 하는 것은 모두 다 따라 하려고 합니다. 부모님이 스마트폰을 하면 스마트폰을 하고 싶어 하고 TV를 보면 함께 TV를 보고, 운동을 하면 운동을 함께하고 싶어 합니다. 이때 부모님이 책을 읽는 모습을 보여 주며 아이와 함께할 수 있는 재미있는 활동을 해보세요. 부모님과 아이가 함께 책을 읽고 책 이름과 느낀 점을 간단히 표로 정리해 보거나 읽은 책으로 많은 대화를 나눠 보세요. 아이는 부모와 함께하는 활동 그 자체에 큰 흥미를 느껴 책을 더욱 열심히 읽기 위해 노력할 것입니다.

혹시 부모 모두 어렸을 때부터 책 읽기를 전혀 하지 않았고, 아이들 앞에서도 책 읽는 모습을 보여주지 않았는데 아이에게는 책 읽기를 강요한다면 아이가 반발할 수 있습니다. 부모는 TV를 보거나 술을 마시거나 다른 일을 하면서 자신에게는 책을 읽으라고 하는 것에 대해 아이들은 쉽게 이해하지 못합니다. 아이가 진심에서 우러난 독서를 바란다면 평소에 책 읽기는 힘들어도 하루에 단 10분이라도 함께 책 읽는 가족 독서시간을 만들어 보세요. 가족 독서시간에는 같은 책을 읽어도 좋고, 부모님은 신문을 읽거나 자기계발서를 읽어도 좋습니다. 단 모두 함께하는 시간을 갖는 것이 필요합니다. 약속한 시각은 꼭 지켜 아이에게도 소중한 시간으로 만들어 주세요. 그러면 아이들이 책을 읽는 데 좀 더 흥미를 느끼고 책의 재미를 알게 됩니다.

ELEMENTARY 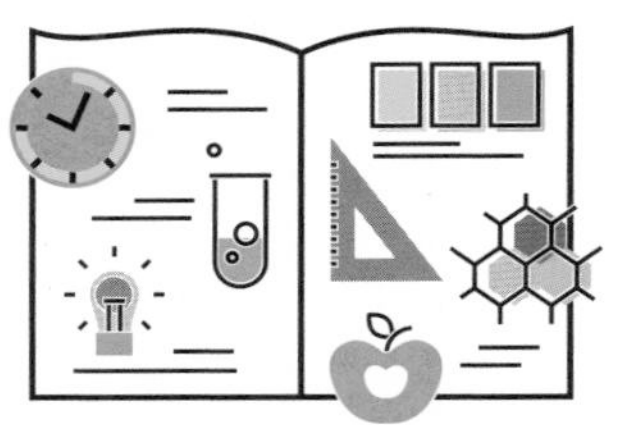 READING

초등 3~4학년, 책과 대화를 나눠 볼까요?

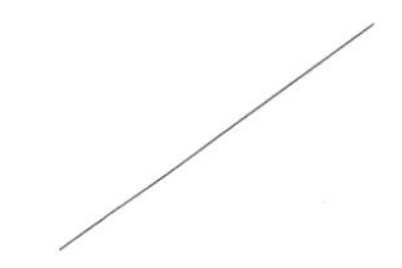

3.4학년이 되면 본격적으로 다양한 분야의 독서를 하는 시기입니다. 이 시기에 부모들은 아이들에게 전집을 사줄 때가 많습니다. 출판사별로 동화책 전집부터 어린이용 세계 명작 시리즈 등 시중에는 다양한 전집이 나와 있습니다. 전집을 사려면 경제적인 면에서 부담이 커서 중고로 사기도 하는데요. 과연 전집을 구매하는 것이 아이들 독서에 긍정적일까요? 상황에 따라 '그럴 수도 있고 아닐 수도' 있습니다.

전집을 살 때 주변의 권유를 받아 부모가 판단해서 사는 경우가 대부분입니다. 아이의 관심사와 무관하게 구입한 전집에 아이들이 크게 흥미를 갖지 않을 때가 많습니다. 아쉽게도 그 상황을 믿고 기다려 줄 부모는 거의 없습니다. 이때부터 아이에 대한 강제적인 독서가 시작됩니다. "이 책을 읽어야지. 내일은 다음 권을 읽자.", "책이 이렇게 많은데 왜 안 읽니?" 그 순간부터 부모와 아이 모두 불행해지기 시작합니다. 압도적인 양을 자랑하는 전집은 보는 것만으로도 아이들에게 하나의 부담으로 작용할 때가 많습니다. 이는 아이가 책과 멀어지는 계기가 될 수도 있습니다.

아이의 관점에서 생각하면 쉽게 이해할 수 있습니다. 그동안 읽고 싶은 책을 한두 권씩 사거나 도서관에서 빌려서 즐겁게 읽다가 갑자기 30~40권의 책이 한꺼번에 책꽂이에 떡하니 꽂힙니다. 부모님은 투자한 돈이 아까워 지속해서 책 읽기를 권합니다. 착한 아이들은 열심히 읽을 수도 있습니다. 하지만 아이가 지나치게 부담을 느끼게 되면 독서를 하나의 숙제처럼, 또 다른 공부 과목처럼 느낄 수 있습니다.

그럼 전집은 절대 사면 안 될까요? 우선 전집 중 '어린이를 위한'이 들어간 책은 조심스럽게 접근합니다. '어린이를 위한'이라고 내세운 시리즈는 문학작품이나 위인전의 내용을 아이들 수준에 맞춰 각색한 경우가 많습니다. 따라서 해당 문학작품의 의도에서 벗어나는 경우가 있습니다. 그리고 아이가 자라서 그 작품에 대한 이해를 문학작품의 원본을 읽지 않고 얕은 이해로 끝낼 수 있습니다. 성인이 되어서 "난 그 책을 어릴 때 읽었어." 하며 쉽게 원작에 손을 대지 않습니다. 원작을 읽지 않는다면, 작품을 통해 저자가 전달하고자 하는 바가 왜곡되어 전달될 수 있습니다. 그리고 해당 작품에 대한 잘못된 생각을 가질 수 있습니다. 시중의 도서 중 대부분은 위와 같은 가능성이 작지만 '어린이를 위한' 전집 시리즈는 부모님이 먼저 내용을 꼼꼼히 살펴보고 주변의 평을 들어본 후 사는 것을 추천합니다.

또한 **전집을 구매하기 전에 전집에 있는 책 중 몇 권을 아이와 읽어 보고 흥미를 보이면 해당 전집을 사고 싶은 마음을 갖도록 유도하는 것이 좋습니다.** 우리의 모습을 되돌아보면 서점에서 훑어보고 재미있어 보여 책을 사와도 끝까지 다 읽지 못할 때가 많습니다. 하물며 읽어 보지도 않은 책을 남들이 좋다고 해서 몇십 권씩 사다 놓는다고 아이에게 독서 효과가 저절로 생기지는 않겠죠?

친구와 함께 읽기

초등학교 1.2학년 시기를 지나 3.4학년이 되면 명확한 규칙을 지키는 것에 익숙해지고 자신이 규칙을 잘 지키는 것에 대해 뿌듯해하는 시기입니다. 선생님에게 본인은 규칙을 잘 지키고 있다고 자랑을 많이 합니다. 자기중심적인 저학년보다 주변에 관심을 가지기 시작해 사회성이 크게 발달하는 시기이며, 또래 친구들과 더욱 깊게 사귀는 경향이 있습니다. 자신에게서 주변으로 관심이 바뀝니다. 이때부터 주변 친구들의 영향을 크게 받기 시작하므로 주변에 어울리는 친구의 말투나 행동 및 사소한 것 하나하나를 보고 배울 수 있습니다.

사실상 독서습관을 부모가 만들어 줄 수 있는 마지막 시기가 초등학교 3.4학년입니다. 빠른 아이들은 4학년 2학기 때부터 사춘기를 시작해 부모와의 대화가 이전처럼 쉽지 않은 경우가 많습니다. 마냥 어린아이일 것 같은 내 자녀가 점점 멀어져 가는 느낌이 들 때 부모들은 마음 한구석이 허전하다고 합니다. 어렸을 때 자녀와 원만한 관계를 유지하지 못하면 아이가 성장하면서 점점 멀어질 수 있습니다. 지금 자녀가 3학년 혹은 4학년이라면 독서습관과 독서 활동을 통해 원만한 관계를 유지하는 기회를 놓치지 마세요.

3.4학년의 경우 그림동화 책을 여전히 좋아하는 아이도 많습니다. 더불어 좀 더 다양한 스토리나 많은 인물이 나오는 책에도 흥미를 보입니다. 자신이 읽은 책의 내용을 친구들에게 소개하거나 친구가 같은 책을 읽는 것에 뿌듯함도 느낍니다. 아이가 읽은 책을 친구에게 빌려주게 해보세요. 대부분 학교는 아침에 10~20분 독서시간이 있습니다. 이때 아이가 자신이 재미있게 읽은 책을 가지고 가서 다른 친구에게 빌려준다면 그 아이와 자연스럽게 책을 활용한 대화를 주고받을 수 있습니다. 꾸준히 학교에 책을 가지고 가서 친구들에게 빌려준다면 책 속 주인공의 말과 행동을 따라 하면서 장난치는 것부터 자신의 느낌과 생각을 공유하는 높은 수준까지 자연스럽게 도달할 수 있습니다.

실제로 가장 쉽고 빠르게 학습하는 방법이 말하면서 공부하기라고 합니다. 자신이 공부한 내용을 친구에게 설명하다 보면 복습의 효과가 생기는 거죠. 친구와 학습 내용을 주고받을 때도 마찬가지입니다.

독서를 통해 친구와 대화를 주고받는 연습이 되면 자연스럽게 학습이나 말하기 능력도 길러질 수 있습니다. 오늘부터 아이의 책가방에 재미있는 책 두 권씩을 넣고 등교하게 하면 어떨까요?

글씨를 바르게 써야 하는 이유

"글씨를 보면 그 사람의 인격을 알 수 있다."라는 말이 있습니다. 학교에서 아이들에게 글씨 쓰기 지도를 하지만 좀처럼 나아지지 않는 경우가 많습니다. 글씨 쓰기는 시간과 노력이 많이 필요하더라도 꼭 지도할 필요가 있습니다. 초등학교의 수행평가 및 상시평가는 모두 서술형 평가입니다. 5개의 보기 중 하나를 고르는 문제는 초등학교에서 더 이상 보기 힘듭니다. 학교에서 아이들 평가지를 보면 글씨를 못 알아봐서 채점하기 힘들 때가 종종 있습니다.

글씨를 바르게 쓰지 못하는 아이들의 특징을 보면 대부분 학업 성취도가 낮은 편입니다. 글씨 쓰는 것 자체를 귀찮아하거나, 어렸을 때부터 글씨를 많이 쓰지 않아 손가락 근육이 발달하지 않았거나, 이유는 다양합니다. 3.4학년 시기는 학습량이 많아지면서 써야 할 과목들이 많이 늘어납니다. '대충대충 빈칸만 채워야지.'라고 생각하는 아이들이 보통 글씨를 많이 흘려 쓰기 시작합니다. 아이들의 책을 한번 보세요. 글씨를 흘려 쓰는 아이들은 수업시간에 열심히 듣지 않거나 수업에 흥미가 크게 없을 가능성이 큽니다.

막연히 '아이가 크면서 글씨를 바르게 쓰겠지.'라고 기대하기보다 부모가 작은 관심을 쏟는 것이 필요합니다. 3.4학년이 되면 아이와 함께 독후 활동으로 글씨를 쓰게 해보세요. 아이에게 글씨를 빨리 쓰는 것보다 한 글자 한 글자 정성스럽게 쓰는 법을 지도해 주세요. 10칸짜리 네모 칸 노트을 구입해 주세요. 그리고 글자의 모양 및 위치를 함께 이야기해 보며 글씨를 또박또박 써보세요. 아이와 부모 모두 힘들어할 수 있지만 지금 쏟는 잠깐의 노력이 미래의 큰 결실로 돌아올 수 있습니다. 글씨를 정성스럽게 쓰는 아이들은 어떤 일을 할 때 신중하고 조심스럽게 행동하는 경우가 많습니다. 정성스럽게 쓴 글씨는 기억에도 더 잘 남고, 차분한 마음을 길러 줍니다. 글씨를 바르게 쓰는 아이는 주변 정리와 책상 정리를 잘하고 집중력도 좋은 편입니다.

또한 손에는 수많은 신경이 연결되어 있는데, 글씨를 자주 쓰면 손의 다양한 감각이 발달합니다. 수업시간에 다양한 활동을 하면서 멋지게 작품을 만들었는데, 친구들이 글씨를 못 알아보면 그보다 슬픈 일은 없을 것입니다. 글씨는 아이가 학교생활을 하는 데 자존감과 연결이 되는 부분입니다. 글씨를 바른 자세로 쓸 때 칭찬과 격려를 듬뿍 해주고, 바른 글씨를 지속해서 잘 쓰고 있는지 수시로 살펴봐 주세요.

책 읽는 공간을 만들어 주기

3.4학년 아이들은 모둠 활동에 눈을 뜨는 시기입니다. 모둠 활동에 눈뜬 아이들은 1.2학년과 다르게 모둠별 과제를 조금 더 효율적으로 접근하기 시작합니다. 스스로 작은 역할을 나누어 할 수도 있고 상대방의 의견도 조금 듣기 시작합니다. 주변 상황은 아이들에게 영향을 크게 미칩니다. 그래서 부모님들은 아이들이 어떤 친구를 사귀는지 궁금해하기도 합니다. 보통의 아이들은 자신과 비슷한 성향의 친구나 자신이 닮고 싶은 친구와 사귑니다. 친구의 영향을 받아 춤을 좋아하는 친구를 만나면 함께 춤을 배우고, 축구를 좋아하는 친구들을 만나면 함께 축구를 할 수도 있습니다.

따라서 이 시기 아이들은 누군가를 본받을 수 있는 내용의 책을 읽는 것도 중요합니다. 3.4학년은 위인전을 읽고 본격적으로 많은 것을 배울 수 있고, 위인전을 통해 배운 내용을 자신의 행동으로 옮기기 위해 노력합니다. 위인이 역경을 견뎌내고 남을 돕는 일을 하고, 사랑을 나누는 일은 아이에게 긍정적인 영향을 미칩니다. 시중에는 'WHO 시리즈', 'WOW 시리즈', '세계를 빛낸 100명의 위인들 시리즈', 'How So 시리즈' 등 무수히 많은 위인전이 있습니다. 아이와 함께 읽어 보고 가장 좋아하는 종류의 시리즈를 골라 읽는다면 아이가 많은 것을 보고 배우는 기회가 될 수 있습니다. 책을 읽고 인물의 업적과 사회에 미친 영향 등을 깨닫고 자기의 생각과 경험을 통해 비교해 보는 기회를 주세요. 위인전에 나온 인물 중 아직 평가가 엇갈리는 구한말에서 일제강점기의 인물들은 아이들에게 잘못된 개념을 심어줄 수도 있으니 조심스럽게 접근하길 바랍니다.

또한 이 시기에는 아이들의 자존감을 높여 줘야 합니다. 이를 위해 아이들의 흥미를 유지할 수 있는 현재보다 조금 높은 수준의 독서도 효과적입니다. 예를 들어 한 학년 높은 수준의 권장도서를 함께 읽는 활동이 효과적입니다. 저학년과 다르게 독후 활동 수준도 조금 높아지는 때입니다. 이제 직접 쓰는 분량을 조금 더 늘리고 많은 대화를 통해 독서 토론까지도 발전시킬 수 있는 단계입니다.

아이의 바른 성장을 위해 함께 좋은 책을 골라보는 건 어떨까요? 저학년 때부터 아이와 서점을 찾는 부모는 아이가 스스로 고른 책과 부모가 골라준 책 중에서 어느 책을 더 많이 읽고 애착을 갖는지 알고 있습니다. 아이는 자신이 고른 책은 읽고 또 읽습니다.

집 안은 자연스럽게 책을 읽는 환경을 만들어 줍니다. 아이가 좋아하는 책과 부모님이 골라준 책들을 책꽂이에 꽂아두거나 거실 한켠에 '책 읽는 장소'라고 꾸며 아이가 편안히 책을 읽을 수 있게 합니다. 그리고 아이가 책을 읽고 난 후 독후 활동으로 만든 여러 작품을 두는 것도 아이에게 더없이 좋은 영향을 미칠 수 있습니다.

성별 차이가 나타나는 시기.

초등 3.4학년은 남자아이와 여자아이의 성향 차이가 두드러지게 나타납니다. 일반적으로 남자아이들은 승패나 경쟁심을 유발하는 활동을 선호하고 축구나 게임을 좋아하며, 여자아이들은 외모에 관심을 두거나 정적인 활동을 선호합니다. 아직은 호기심이 매우 많아 학교에서 적극적으로 나서서 참여하기를 좋아하고 고학년과 다르게 선생님에게 엄청나게 질문합니다. 또한 이성에게 관심을 보이기 시작해 좋아하는 여자아이나 남자아이가 생기고 좋아하는 이성 스타일도 생겨납니다. 저학년 때의 관심보다는 조금 구체적으로 편지를 주고받거나 간단한 선물을 주고받는 경우도 종종 볼 수 있습니다. 아이가 부쩍 외모에 관심을 두는 것이 신호라고 볼 수 있습니다.

이 시기에는 아이가 올바른 가치관을 가질 수 있도록 관련 책을 많이 읽도록 해주세요. 아이들은 외모가 멋있거나 운동이나 춤에 소질이 있는 아이들이 멋있다고 생각합니다. 그에 따라 화장하기 시작하는 아이들도 생겨나고 춤을 맹연습하는 아이들도 생겨납니다. 또한 축구를 잘하는 아이들을 보며 여자아이들은 남자답고 멋있다는 생각을 합니다. 이 시기 아이들은 외모로 모든 것을 평가하려고 할 수 있습니다. 이때 외면이 아닌 내면도 멋있는 사람이 정말 멋있는 사람이라고 계속 이야기해 주세요. 이때 생긴 잘못된 가치관은 고학년이 되어 자신에 대해 부정적인 생각을 하게 할 수 있습니다. 왜냐하면 아이들 기준에 자기 자신은 외모도 별로고, 운동을 잘하거나 춤을 잘 추지도 못하고, 성격도 소극적인 아이라면 자존감이 점차 떨어지며 친구들에게 다가가는 것 자체를 부담스러워할 수 있기 때문입니다.

아이의 내면의 힘을 기를 수 있는 다양한 책을 읽게 해주세요. 관련 책 중에는 『너는 특별하단다』, 『행복한 청소부』, 『겁쟁이 빌리』가 있습니다. 이런 책을 읽어 보면 내면의 힘을 기르는 데 도움이 됩니다.

점차 친구와 자신을 비교하고, 경쟁심을 많이 느낍니다. 작은 것에도 지기 싫어하는 성향과 감정을 소모하는 일이 많이 생기고 친구들 사이에서 무리 짓기가 시작됩니다. 이는 특히 여자아이들 사이에서 많이 일어나는데, 친구를 소유하고 싶어 하는 욕구와 맞물려 갈등이 많이 생겨납니다. 따라서 친구 관계에 관한 다양한 책을 읽거나 부모와 이야기를 자주 나누어 아이가 슬기롭게 대처할 수 있도록 해주세요. 관련 책 중에는 『내 여자친구의 다리』, 『최악의 모둠? 협동으로 바꿔바꿔』, 『친구 자판기』 등이 있습니다.

학습이나 독서 활동에도 부정적인 태도로 참여하거나 흥미를 잃어버린 아이가 많아지는 시기입니다. 교과서도 예전처럼 쉬운 내용이 아니라 열심히 수업을 들어야 이해할 수 있는 내용이 나옵니다. 하지만 꾸준한 독서습관을 지닌 아이들은 교과서에 글이 많아도 당황하지 않고 차분하게 적응하는 편이어서 수업시간에 높은 집중력을 보입니다. 따라서 1.2학년 때는 집에서 조금은 자유롭게 책을 읽었더라도 3.4학년 시기에는 책상에 앉아서 책을 읽는 습관을 들여 주세요. 이 시기에 책상에 앉는 습관이 갖춰지지 않으면 5·6학년 시기에는 더욱 힘들어질 수 있습니다. 아이가 사춘기를 맞으면서 갈등이 생길 수 있다는 점 기억하세요.

공부력을 올려요

아이들이 초등학교 중학년인 3.4학년이 되면 저학년 때와 다르게 공부하는 것을 싫어하거나 어려워하는 아이들이 많이 생깁니다. 저학년 때는 없던 교과서들이 새롭게 생겨나고 학교에서 글씨 쓰기를 본격적으로 많이 하고 수행평가도 실시합니다. 특히 사회와 과학이라는 과목이 새로 생깁니다. 아이들이 생소하고 많이 어려워하는 과목입니다. 시중에는 사회와 과학과 관련한 무수히 많은 학습 만화가 있습니다. 학급에서 독서를 평소에 좋아하지 않는 아이들도 학습만화를 읽는 데는 흥미를 보입니다. 학습만화를 읽는 아이들에게는 다른 분야의 책도 함께 읽는 기회를 제공한다면 아이가 다양한 분야의 독서를 하는 데 도움이 됩니다.

이 시기에 공부에서 흥미가 멀어지는 아이들이 종종 생기는데, 특별히 부모가 관심을 갖지 않으면 고학년이 될수록 공부와 멀어집니다. 올바른 독서습관을 통해 학습에 흥미를 느끼게 하는 것이 필요합니다. 아이와 함께 서점이나 도서관에 자주 드나들며 적합한 책과 수준에 맞는 책을 읽는 시간을 자주 가져 보세요. 이 시기에는 아이가 책을 스스로 고를 수 있는 습관도 키워 줄 수 있습니다.

공부가 싫다는 아이 중 대부분은 교과서에 있는 글을 읽고 이해하는 능력이 부족하기 때문입니다. 아이의 수준보다 다소 낮은 동화책이라도 소리 내어 읽고, 글씨를 바르게 읽는 습관부터 만들어 주세요.

한 분야의 책만 읽으려는 독서 편식이 시작되는 시기입니다. 만화책 읽는 것을 좋아해 푹 빠지는 아이들도 종종 보입니다. 다양한 책을 읽을 수 있는 환경을 제공하고 책을 끝까지 읽었을 때 '칭찬'을 꼭 해주세요. 아이가 책을 다 읽었을 때 느끼는 기쁨과 감동을 스스로 깨달을 때까지 꾸준히 칭찬하는 것이 필요합니다.

자기효능감 키우기

교실에는 각양각색의 아이들이 있습니다. 그중 새로운 상황에 맞닥뜨리면 쉽게 포기해 버리는 아이들을 종종 볼 수 있습니다. "전 못하겠어요.", "너무 어려워요.", "안 하면 안 돼요?"라는 이야기를 하는 아이들이 한 학급에 네다섯 명 정도는 있습니다. 교사로서 굉장히 안타깝고, 어떻게든 그 아이들에게 의욕을 불어넣어 주고 싶습니다. 그래서 아이들을 대할 때 칭찬과 격려를 많이 하려고 합니다.

왜 아이들은 의욕이 없는 태도를 보이게 되었을까요? 아이들과 상담을 지속적으로 해보았더니 두 가지 정도로 원인이 정리되었습니다.

아이들에게 성공의 경험이 거의 없다는 것과 적절한 수준의 과제가 제공되지 않았다는 점입니다. 대화 결과, 집에서는 게임을 하거나 놀면서 지낸다고 하였습니다. 그리고 혼자 있는 시간도 꽤나 많고, 부모님이 일 끝나고 집에 와도 큰 교류가 없었습니다. 또한 학교가 끝나면 학원도 가고 집에 가면 밥을 먹고 TV를 보거나 놀고, 스마트폰 게임도 하고 잠을 잔다는 이야기가 많았습니다. 그중 책을 읽는다는 아이는 단 한 명도 없었고, 부모님이 집에서 과제로 내준 책도 제대로 읽지 않는다고 말했습니다. 과연 어디서 잘못된 걸까요?

아이들은 부모님은 거실에서 TV 보면서 자기에게는 방에서 책을 읽으라고 하는 것이 불만이라고 했습니다. 또 혼자서 책을 읽는 게 너무 싫다고도 말했습니다. 책을 안 읽을 때는 혼나지만 책을 읽어도 별다른 보상이 없다는 것, 때로는 지나치게 어려운 책을 읽으라고 주면서 계속 읽었는지 확인하고 이것저것 시킨다고 불만을 토로했습니다. 책 읽기가 너무 싫고 집에서는 아무것도 하기 싫다고도 했습니다.

책을 읽으라고 말하기 전에 먼저 부모와 자녀 사이를 돌아볼 필요가 있습니다. 부모와 자녀 사이에 지속적인 상호작용이 없으면서 일상적으로 책을 읽으라고 잔소리하는 것은 결국 잔소리로 끝날 뿐입니다.

어떻게 하면 아이들이 새로운 상황이나 어려운 과목을 만났을 때 적응하는 힘을 줄 수 있을까요? 자신이 어떤 일을 성공적으로 수행할 수 있는 능력이 있다고 믿는 기대와 신념을 자기효능감Self-efficacy

이라고 부릅니다. 자기효능감이 낮은 아이들은 실수를 두려워하여 새로운 일에 도전하지 않기 때문에 생각과 행동에 변화가 일어나지 않아 자신의 능력을 계발하는 데 어려움을 겪습니다. 반대로 자기효능감이 높은 아이들은 실수를 통해 다시 도전하고 이를 통해 능력을 계발하고 자신감이 생깁니다.

자기효능감을 키우는 방법에는 여러 가지가 있지만 가장 핵심은 아이의 정서적 안정입니다. 어떤 효과적인 방법이라도 부모의 관심과 사랑이 밑바탕에 깔리지 않으면 속 빈 강정에 지나지 않습니다. 아이가 심리적으로 안정될 수 있는 환경을 제공하여 아이에게 독서에 대한 자신감을 심어 주세요. 너무 어려운 책은 피하고 짧은 단편집이나 저학년용 동화책부터 시작해 보세요. 아이가 책을 한 권 다 읽었다는 성취감과 부모로부터의 안정감 이 두 가지가 모두 충족된다면 어떤 상황에서도 스스로 헤쳐 나가는 힘을 얻게 됩니다.

집에서 미리 준비하는 학교 독서교육

1. 교과 관련 동화책

교과와 관련된 도서를 미리 읽어 본다면, 해당 도서를 다루는 수업에 흥미를 느끼고 적극적으로 참여할 수 있습니다. 또한 아이가 이야기에 관심을 보인다면 교과와 관련된 책을 보며 심화학습을 할 수도 있습니다.

다음은 학년별로 교과 학습에 도움을 주는 책입니다. 초등 1.2학년은 사회와 과학 교과가 없기에 국어와 수학 각각 세 권씩 추천 도서를 선정하였고, 초등 3.4학년은 국어, 수학, 사회, 과학에서 각 세 권씩 추천 도서를 선정하였습니다. 학년이 시작되기 전 한 번씩 읽어 보면 아이가 학교에서 새로운 내용을 배우는 데 큰 도움이 됩니다.

초등 1학년 국어	
추천 도서	출판사
나 혼자 해볼래 글씨 쓰기	리틀씨앤톡
냠냠 한글 가나다	고인돌
코끼리가 수놓은 아름다운 한글	월천상회

초등 1학년 수학	
추천 도서	출판사
수 세기 대장의 생일 파티	스푼북
동그라미 세모 네모가 모여서	점자
쉿! 신데렐라는 시계를 못 본대	동아사이언스

초등 2학년 국어	
추천 도서	출판사
연필 들고 동시 쓰기	자주 보라
안녕 꽃님아?	아주 좋은 날
내 언어습관이 어때서!	파란정원

초등 2학년 수학	
추천 도서	출판사
바다 100층짜리 집	북뱅크
수학 해적왕	와이즈만북스
수학이 쉬워지는 곱셈구구	사파리

초등 3학년 국어	
추천 도서	출판사
별빛 아이	북멘토
존댓말을 잡아라	파란정원

나는 3학년 2반 7번 애벌레	창비

초등 3학년 수학	
추천 도서	출판사
수학빵	와이즈만북스
엄마 아빠를 구한 돼지	내인생의책
수학 유령 베이커리	살림어린이

초등 3학년 사회	
추천 도서	출판사
야호! 난장판이다	청어람주니어
우리 땅 기차 여행	책읽는곰
다를 뿐이지 이상한 게 아니야	주니어북스

초등 3학년 과학	
추천 도서	출판사
별난과학 물리 이야기	그린북
왠지 이상한 동물도감	미래엔아이세움
날아라, 삑삑아!	파란자전거

초등 4학년 국어	
추천 도서	출판사
사투리 귀신	창비

찌아찌아족 나루이의 신기한 한글 여행	리틀씨앤톡
파란 집의 수상한 이웃들	책읽는곰

초등 4학년 수학	
추천 도서	**출판사**
비교할수록 쉬워지는 단위	부즈펌어린이
몹시도 으스스한 수학교실	와이즈만북스
수학 지옥 탈출기	살림어린이

초등 4학년 사회	
추천 도서	**출판사**
코끼리를 타면 안 돼요?	낮은산
할아버지 집에는 귀신이 산다	꿈교출판사
할머니의 마법수레	청개구리

초등 4학년 과학	
추천 도서	**출판사**
내 이름은 파리지옥	해그림
놀라운 물!	주니어RHK
자연재해로부터 탈출하라!	비룡소

2. 학교생활에 도움 주는 책

시중에는 엄청나게 많은 책과 자료가 있습니다. 과연 우리 아이가 초등학교 저학년 때 어떤 책을 읽으면 좋을지 주변에서도 많은 정보를 얻을 수 있습니다. 입학 후 아이들에겐 상상하지 못한 여러 가지 일들이 생겨납니다. 부모의 예상에서 벗어난 행동을 종종하기도 합니다. 책을 통해 학교에서 일어날 수도 있는 일들을 미리 간접 경험해 보는 건 어떨까요? 아이들이 학교생활을 할 때 읽으면 도움이 될 만한 책들을 소개합니다. 다음은 추천도서 목록입니다.

초등 1~4학년 추천 도서	
추천 도서	출판사
오늘 내 기분은…	키즈엠
욕심날 때는 어떻게 하나요?	풀빛
나, 오늘 말하기 어떻게 해!	파란정원
괜찮아	웅진주니어
글자 없는 그림책 1	사계절
나 오늘 일기 다 썼다	소울키즈
누가 고양이를 데려갔나	상상의집
왜 내가 치워야 돼	책속물고기
가족은 꼬옥 안아주는 거야	웅진주니어
13층 나무 집	시공주니어

만지지 마, 내 거야!	휴먼어린이
다투고 화해하는 우리는 친구!	세상모든책
터널	논장
수박 수영장	창비
구름빵	한솔수북
사자와 생쥐	파랑새
화가 날 땐 어떡해요?	다림
오늘 참 예쁜 것을 보았네	북극곰
두껍아 두껍아	다섯수레
왜 인사 안 하면 안 되나요?	참돌어린이
또박또박 예쁘게 쓰라고?	파란정원
이유가 있어요	봄나무
우리가 바로 진짜 영웅!	다림
나만의 일기 쓰기	엠비씨씨앤아이
우리 가족은 책을 읽어요!	다림
무지개 물고기	시공주니어
가짜렐라, 제발 그만해!	바우솔
소원의 나비	봄볕

아이와 함께 책을 읽는 것은 독서습관 외에도
부모와의 유대감 형성 및 정서적 안정에도 많은 도움을 주기에
스스로 책을 읽을 수 있는 나이가 되어서도 부모가 읽어 주는 것은 좋습니다.

3장

평생 독서습관을 기르는 방법

ELEMENTARY 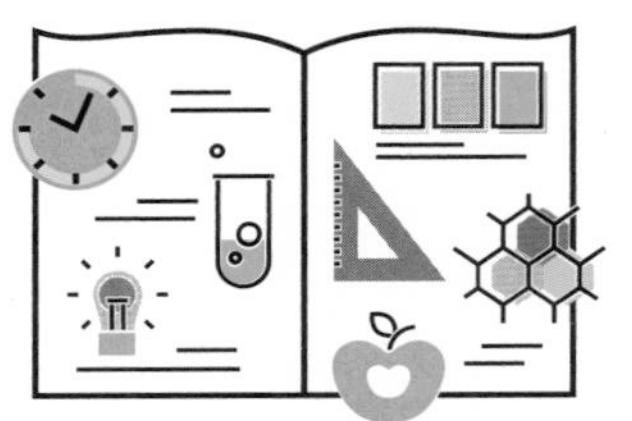 READING

우리 아이
독서 지도 원칙 5가지

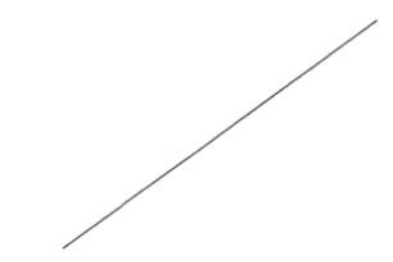

부모들은 아이가 자신이 원하는 대로 자라서 완벽한 부모의 피조물이 되기를 바랍니다. 이를 위해 부모의 품을 떠나서 학원이나 과외 등 외부 업체에 많은 것을 맡깁니다. 심지어 저녁 10시까지도 학원에 다니는 초등학생들이 많습니다. 부모와 많은 상호작용 없이 일정한 틀 속에서 자란 아이들이 과연 사회에서 여러 일을 헤쳐 나갈 힘을 기를 수 있을까요?

우리는 아이가 어릴 때부터 부모와 함께하는 시간을 줄이고, 편리함과 학업을 위해 외부 다양한 시설에 아이를 맡깁니다. 부모님과 함께 충분히 상호작용하며 키우면 좋겠지만 상황이 여의치 않다면 최소한 독서라도 충분히 할 기회를 제공하라고 권하고 싶습니다.

맞벌이가 일반화된 요즘 같은 사회에 가정에서 모든 교육을 하기는 어려우므로 절충안으로 최소한의 독서교육을 권합니다. 가정에서 책에 흥미를 느낄 수 있게 해주고 편안한 독서환경을 만들어 주면 좋습니다.

그렇다면 아이가 책을 가까이하고 즐길 수 있도록 하려면 부모가 어떻게 해야 할까요?

원칙 1. 하루에 세 권씩 읽어 주기

초등학생 저학년 시기에 부모와 많은 대화를 나누고 질문과 대답을 하며 탐구심을 유발하는 것은 아이의 언어지능과 창의성 계발에 많은 도움이 됩니다. 이를 위해 하루에 최소 페이지가 짧은 책으로 세 권 정도 이야기를 들려주는 것이 좋습니다. 바쁜 사회생활을 하는 부모에게 지나치게 부담스러운 숙제는 오히려 작심삼일을 유발할 수 있습니다. 생각보다 세 권을 읽는 것은 어렵지 않습니다. 바쁜 날은 그림이 많은 책을 보여 주고, 시간이 많은 날에는 내용이 더 많은 책을 읽어 줍니다. 그리고 같은 책을 3번 읽어 줄 수도 있습니다.

평소 아이가 좋아하는 장르나 내용 구성을 잘 알아두고, 아이가 가장 좋아하는 책 한 권, 아이가 주변에서 보거나 겪을 수 있는 이야기책 한 권, 마지막으로는 전래동화 같은 아이가 잘 모르는 이야기책을 고르는 게 좋습니다. 좋은 영화나 책을 보면 두세 번을 봐도 감동과

다는 한 친구가 스마트폰으로 게임을 하고 다른 친구들은 옆에서 구경하는 모습, 모두 각자 스마트폰으로 영상을 보는 모습 등을 주로 볼 수 있습니다. 1학년의 경우에는 스마트폰이 대부분 없습니다. 따라서 큰 걱정을 안 해도 되지만 2학년 시기부터 스마트폰을 갖는 아이들이 점차 생기면서 이와 같은 모습을 종종 볼 수 있습니다. 친구들과 얼굴을 맞대고 대화하거나 뛰어노는 모습 대신 스마트폰 게임을 하면서 단편적인 대화를 주고받는 것이 전부입니다.

게임은 빠른 화면 전환과 상대를 무너뜨리는 방법, 치열한 경쟁, 30초~1분 내외의 경쟁과 승자에 대한 즉각적인 레벨업 보상 등 아이들이 좋아할 만한 조건이 많이 들어 있습니다. 아이들은 독서보다는 게임에 쉽게 몰입하고 훨씬 오랜 시간 집중합니다.

이와 같은 즉각적인 반응에 익숙해져서 하루에도 게임을 두세 시간씩 즐기는 아이들은 책 읽기와 친해지기 어렵습니다. 왜냐하면 독서는 멈춰 있는 그림과 글자를 통해 스스로 재미를 찾아내야 하기 때문입니다. 따라서 아이가 스마트폰 게임에서 멀어질 수 있도록 방법을 찾아야 합니다. 게임을 많이 하는 아이들은 독서뿐만 아니라 수업도 지루해서 듣기 힘들어합니다. 변화무쌍한 스마트폰에 비하면 수업은 재미없는 내용의 연속이며 숙제까지 덤으로 제시되기 때문이죠.

한 가지 사례로 게임에 중독되면 전두엽 기능에 이상이 생겨 공격성과 공포를 조절하는 능력이 떨어져 폭력성이 두드러지게 나타날 수 있다고 합니다. 만약 아이가 게임을 지나치게 많이 한다면 단순히 게임을 못 하게 하는 처방은 도움이 되지 않습니다. 아이에게 갑작스러운 반발심을 불러일으키고 순간 분노를 표출할 수도 있기 때문입니다. 아이가 게임을 많이 하게 된 근본 이유를 찾아내야 합니다.

무작정 하지 못하게 하는 것은 부모에 대한 반감만 키워 관계가 틀어지는 안 좋은 결과로 나타날 수도 있습니다. 처음에는 상대방을 죽이거나 때리는 폭력성이 다소 약한 퍼즐이나 아케이드게임으로 바꿔서 게임을 하게 하거나 스토리가 있어서 모든 레벨을 다 깨면 끝나는 게임 쪽으로 유도해 보는 것도 좋습니다. 그러면서 아이와 함께 음악, 미술, 체육 활동을 함께하면 좋습니다. 혹시 아이가 라디오를 듣는 데 흥미를 보인다면 이는 긍정적입니다. 라디오는 소리를 듣고 상상하고, 나만의 이야기를 구성하는 사고력을 발달시킬 수 있습니다. 재미있는 라디오를 함께 듣는 경험을 해보는 것도 좋습니다.

스마트폰은 여러 문제가 있지만 그중 아이들의 시력을 떨어뜨리고 '거북목 증후군'을 일으킵니다. 스마트폰은 '파블로프의 개' 실험과 크게 다르지 않습니다. 러시아 생리학자인 파블로프는 개를 대상으로 조건과 반사에 관한 실험을 했습니다. 사료를 주기 전에 종을 치고 제공하였는데, 이후 종을 치면 개가 자연스럽게 침을 흘리게 된다는 실험입니다.

이를 스마트폰에 적용해 본다면, 스마트폰에 익숙해진 아이들은 대답과 질문을 통해 호기심을 해결하거나 다양한 사고를 이어나가기보다는, 스마트폰의 버튼을 누르면 먹이가 나오는 실험과 같은 두뇌의 단순·반복적인 사고만을 사용하게 됩니다. 쉽게 얻는 지식은 그만큼 쉽게 기억에서 지워집니다. 생각할 기회를 스마트폰으로 인해 빼앗기지 않도록 부모님이 많은 관심을 쏟아 주세요. 우리 아이를 똑똑하고 올바르게 키우고 싶다면 부모가 꼭 아이의 TV, 스마트폰, 게임의 무분별한 사용을 막아 주세요.

원칙 3. 소리 내어 읽기

캐나다 워털루대학교의 연구팀은 글로 적힌 정보를 학습하는 데 사용되는 4가지 방법(소리 내지 않고 읽기, 소리 내어 읽기, 다른 사람이 읽는 것을 듣기, 자신이 소리 내어 읽는 것을 녹음해 다시 듣기)을 서로 비교했습니다. 97명의 참가자를 대상으로 테스트한 결과 소리 내어 읽는 것이 글로 적힌 정보를 잘 기억하는 최고의 방법이라는 결과가 나왔습니다. 연구 결과는 중요한 정보를 소리 내어 읽으면 기억에 오래 남고, 머리에 각인되며 소리 내어 읽기는 자신감 측면에서도 도움이 된다고 합니다.

날마다 정해진 시간에 책을 소리 내어 읽는 것은 아이들의 집중력 향상과 독서 흥미 유발에 도움이 됩니다. 앞으로 어떤 일이 일어날지 예측해 보면서 읽기, 아이가 부모에게 소리 내서 읽어 주기, 아이가 읽은 책의 내용을 부모에게 설명해 주기와 같은 재미있는 독서 방식도 함께 실천하면 좋습니다. 아이가 잘 읽지 못한다면, 부모가 먼저 읽고 아이가 따라 읽거나, 한 문장씩 번갈아 읽으면서 유대감을 나누는 것도 좋은 독서 방법입니다. 아이가 글을 못 읽는다고 지나치게 글자를 강조하다 보면 독서에 대한 흥미가 떨어질 수도 있으니 수준에 맞는 책으로 진행하는 것을 추천합니다.

주의할 점은 소리 내어 읽을 때 아이들은 정확한 단어를 읽지 못하거나 의미군별로 끊어 읽기를 잘하지 못할 때가 종종 있습니다. 즉각적인 피드백은 아이의 책 읽기에 대한 자신감을 떨어뜨릴 수 있습니다. 책을 다 읽고 부모님이 해당 부분을 읽고 아이가 따라 읽어 보는 방법을 활용해 보세요. 천천히 읽어도 좋으니 아이가 또박또박 한 글자씩 읽을 수 있도록 격려해 주고, 등장인물이나 긴장감이 고조되는 부분은 강조해서 읽도록 한다면 감정이입 능력을 자연스럽게 기를 수 있습니다.

소리 내어 읽기는 문장의 구조를 쉽게 파악하는 데 도움이 되고, 내용에 대한 이해를 돕습니다. 특히 아이가 평소에 집에서 소리 내어 읽기 연습을 많이 하면 학교에서 책 읽기를 하거나 발표할 때도 도움이 되어 학습에 대한 자신감을 길러 줄 수 있습니다. 집에서도 아이가 큰 소리로 또박또박 실감 나게 읽는 기회를 많이 주고, 역할극이나 감정 표현하기 등 다양한 활동으로 연결해 보세요.

원칙 4. 책 표지 보며 대화 나누기

그림책은 표지에 그 책의 내용이 모두 담겨 있습니다. 그림책 디자인 작가는 표지를 선정하고 표현하는 데 많은 시간을 보낸다고 합니다. 실제로 책을 구매하거나 빌려볼 때도 책 제목과 표지는 큰 영향을 미칩니다. 그만큼 책 표지는 독자와 작가에게 모두 중요한 부분입니다. 표지는 책 전체의 내용을 하나의 그림과 짧은 글로 나타냅니다. 따라서 문학작품의 함축적인 의미와 상상력을 자연스럽게 기를 수 있는 하나의 중요한 학습 도구입니다. 따라서 책 표지의 그림, 색채, 제목, 여백 등 여러 가지 측면에서 접근하여 아이의 상상력을 키워 보세요.

"이 책 표지에서 무엇이 보이니?"

"이 책의 제목은 무엇이니?"

"왜 색깔을 이렇게 칠해 놨을까?"

"표지 인물의 표정은 어때?"

이처럼 구체적으로 질문하면 아이도 구체적으로 답합니다. 그리고 책 표지가 내용을 모두 표현하고 있다는 점을 설명해 주고, "이 책에는 어떤 내용이 나올 것 같아?"라고 질문해 주세요. 아이의 추측이 맞든 틀리든 아이는 즐겁게 추리하는 재미를 느낄 것입니다. 이 방법은 특히 독서에 흥미를 보이지 않는 아이들이 책 표지를 보고 추리하는 재미를 느끼게 한다는 점에서 독서에 대한 흥미를 유발합니다. 자신의 추리가 맞는지 책을 읽으면서 직접 확인하는 재미가 있어 아이가 스스로 책을 읽는 습관을 지니는 데 도움이 됩니다.

책 표지를 보며 이야기를 나누는 방법은 읽기 전과 후에 모두 할 수 있습니다. 책을 읽기 전에 아이가 추측한 내용과, 책의 내용을 비교해 보거나 책을 읽고 난 후 아이의 느낌을 그림으로 표현하게 합니다. "책을 읽고 표지를 보니 무엇이 떠오르니?", "네가 그린 것과 어떤 점이 비슷해?", "왜 표지를 이렇게 그렸을까?" 같은 질문을 통해 다양한 생각을 주고받을 수 있습니다.

실제 대부분의 초등학교에서 적용 중인 온작품 읽기에서도 이와 같은 방식으로 독서에 대한 흥미를 유발하고 있습니다. 이젤패드Easel Pad를 이용해 여러 가지 책의 표지를 전시해 두기, 책 포스터 그려서 전시하기 등 독서 흥미를 높이기 위한 활동을 하고 있습니다. 따라서 가정에서 이와 같은 방식을 미리 접해 본다면 아이가 학교에서 책과 함께하는 여러 활동에 참여하는 것에 대한 부담감이 줄어듭니다.

원칙 5. 책과 함께 놀기

대다수 아이는 책보다는 뛰어노는 것을, 책보다는 맛있는 음식 먹는 것을 좋아합니다. 이와 같은 아이들의 특성을 고려하여 독서를 놀이와 접목하는 것도 좋은 방법입니다. 초등학생들은 가만히 있는 것을 힘들어합니다. 대부분 넘치는 에너지를 놀이터에서 놀거나 함께 운동하며 풀어 줍니다. 이를 변형하여 아이와 함께 읽은 책과 관련된 놀이 활동을 해보는 건 어떨까요?

예를 들어 『집에 뭐가 있지』라는 책을 읽고 직접 집을 탐험해 보거나, 『책 먹는 여우』라는 책을 읽고 나면, 여우 아저씨처럼 도서관에 직접 가서 여우 아저씨처럼 행동해 봅니다. 『가을을 만났어요』 책을 읽고 아이와 느낀 점을 함께 이야기한 뒤, 가을을 몸으로 느끼기 위해 집 밖으로 직접 나가 보세요. 이와 같은 과정을 몇 번만 반복하면 자녀에게 독서는 지루한 것이 아닌, 생활에서 직접 보고 느끼는 흥미로운 것으로 바뀌는 계기가 됩니다. 우리 아이를 평생 독자로 만들기 위한 첫 단추를 놀이로 시작해 보세요.

요즘 학교 현장에서 가장 흔하게 사용하는 교육연극이 있습니다. 바로 '핫시팅(뜨거운 의자)'인데, 아이 중 한 명이 작품 속 주인공이 되어 의자에 앉습니다. 그리고 다른 아이들이 질문을 하고 주인공이 답을 하는 인터뷰 형태의 활동입니다. 아이들이 즐겁게 참여하는 활동 중 하나이지요. 의자에 아이와 부모가 번갈아 앉아 주인공의 역할을 해보며 질문과 대답을 한다면 독서와 친숙해지는 계기가 될 수 있습니다.

또한 책 자체를 높이 쌓거나 도미노를 해볼 수도 있고, 책을 사고 파는 장터 열기, 끝말잇기 등 작은 놀이 활동 자체가 의미 있습니다.

ELEMENTARY 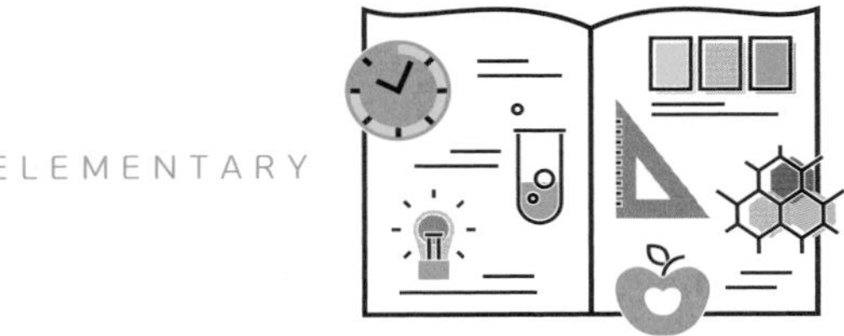 READING

가정에서 이것만은 꼭 지켜주세요

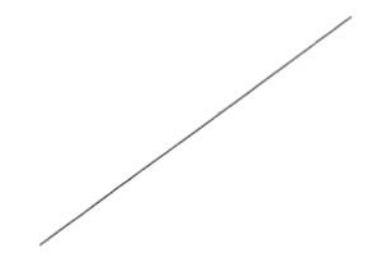

"책 내일 읽으면 안 돼요?"

"아빠, 여기 책에 신기한 동물이 나왔어요."

"책 다 읽으면 게임할 수 있어요?"

"숙제하고 또 책 읽어야 해요?"

위와 같은 아이들 질문에 어떻게 대답을 하나요? 어떻게 대답하고 반응을 하는 게 좋을까요? 부모도 지치고 힘든데 정석대로 대답하기 쉽지 않은 상황이 많으리라 짐작합니다. 가정에서 다음의 6가지만 꼭 지켜지면 아이에게 독서습관을 잘 심어 줄 수 있습니다.

책 읽는 부모

아이들은 부모의 언어적 표현보다 비언어적인 표현에서 더 많은 것을 보고 배운다는 연구 결과(모델링 효과)가 있습니다. 부모들과 이야기를 나눠 보면 대부분 시간이 없어서 책을 읽기 어렵다고 합니다. 아이는 부모를 비추는 거울입니다. 부모가 책을 읽지 않는 가정에서 아이가 독서를 좋아하는 경우는 찾아보기 힘듭니다. 책 한 권을 놓고 부모와 아이가 나누는 대화는 일상 대화에서 심층 대화로 이어지고, 아이의 언어 발달과 사고력 발달을 돕습니다.

대부분 심리학 책에서 아이에게 문제가 있다면 부모나 부모의 양육 태도에 문제가 있을 수 있다고 말합니다. 아이가 건강하고 행복하게 자라길 바란다면 부모가 건강하고 행복한 모습을 보여 주어야 합니다. 모든 부모는 아이에게 좋은 말을 많이 합니다. 하지만 아이가 보기에 부모가 정반대의 행동을 하고 있다면 어떨까요? 그 말은 그저 공허한 메아리가 되어 아이의 귀에는 잔소리가 될 수밖에 없습니다.

아이가 자연스럽게 책을 읽게 만들기 위해서는 부모가 직접 시간을 내서 책을 읽는 모습을 보여 줘야 합니다. 보여 주기 형태라도 아이들이 집에 있는 동안만큼은 시간을 정해 함께 읽으면 어떨까요? 강압적인 분위기보다는 자연스럽게 책을 읽고, 같은 책을 읽고 토의를 할 수 있다면 부모와 자녀의 관계는 더욱 좋아질 겁니다. 책 읽기가 힘들다면 신문이나 잡지도 좋습니다. 기회가 된다면 가정에 있는

TV를 없애 보거나, TV 사용 시간을 함께 정해 보세요. 온 가족이 책을 함께 읽을 수 있는 시간과 공간을 가족회의를 통해 마련하는 것도 좋은 방법입니다.

부모가 대화를 나눌 때 책으로 대화를 나누는 모습을 종종 보여 주세요. 서로 책을 권하거나 책 내용을 나누어 보세요. 아이와 책을 읽고 다양한 활동을 할 때 독서 관련 대화, 아이의 학교 온작품 읽기 책을 함께 읽는다면 아이도 자연스럽게 책에 대한 흥미가 높아지고 참여하고 싶은 마음이 커집니다. 어려운 책은 읽고 싶어 하지 않는다면 아이가 읽는 동화책으로 대화를 나누어 보세요. 자연스럽게 아이와 함께 대화를 이어나갈 수 있습니다.

매슬로는 5단계 욕구위계이론에서 인간에게 동기를 부여하는 욕구를 다음과 같은 피라미드로 계층을 이루고 있는 것으로 파악하였습니다. 피라미드의 아랫부분이 충족되어야만 그 위의 욕구를 추구하는 삶의 태도를 보이게 된다는 것입니다. 가장 아래 단계인 생리적 욕구는 기본적인 의식주를 뜻합니다. 그리고 안전함이 충족되면 가족이나 친구, 다양한 집단에 소속되는 욕구를 표현하게 됩니다. 그리고 인정받고 싶어 하는 자존심의 욕구가 생기며 4단계가 충족될 때 궁극적으로 추구하는 '자아실현의 욕구'가 생깁니다.

아이들의 독서는 자아실현의 욕구에 속합니다. 매슬로는 결핍 욕구 4가지가 충족되어야만 존재 욕구가 발현되고 자기계발을 할 수 있게 된다고 하였습니다. 만약 결핍 욕구 중 하나라도 충족되지 않으면 다음과 같은 피라미드는 한순간에 무너질 수 있습니다.

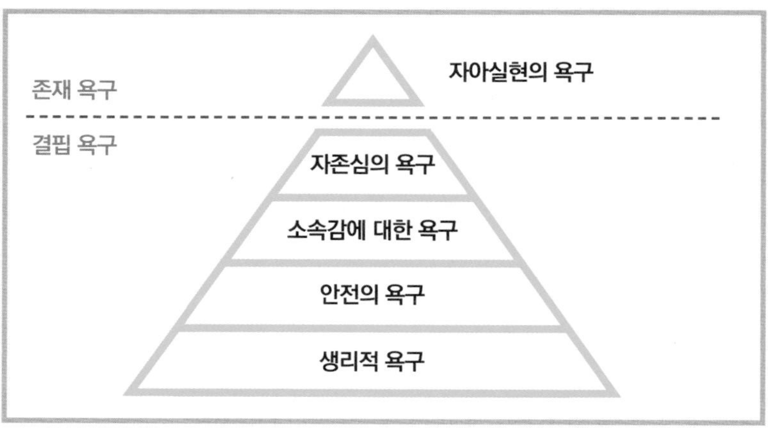

우리가 독서교육을 할 때 반드시 아이들의 하위 4가지 결핍 욕구를 충족시키는 것이 필수입니다. 즉 아이들이 따뜻한 곳에서 밥을 충분히 먹고 잠도 많이 자고, 즐겁게 뛰어노는 환경과 보호받고 있는 느낌, 가족의 따뜻한 사랑, 충분한 칭찬으로 인정받을 때야 비로소 올바른 독서가 가능해집니다. 하위 4가지 요소가 결핍된 상태로는 아무리 독서를 강조해도 아이에게 아무런 도움이 되지 않는다는 뜻이죠.

만약 아이에게 부모가 책 읽는 모습을 보여 주기 힘들다면 부부가 역할을 분담하는 것을 추천합니다. 가정일을 역할 분담할 때 설거지, 빨래, 청소, 분리수거 외에 아이와 함께 책 읽기를 포함시켜 아이에게 책 읽는 모습을 보여 주고 함께 읽는 시간을 가져 주세요. 아이의 정서에 가장 좋은 양육 방법은 부모가 함께 참여하는 것입니다.

독후감 쓰지 않기

독서의 두 번째 난관은 독후감 쓰기입니다. 대부분 부모는 어렸을 때 책을 읽으면 당연히 독후감을 썼고, 독후감을 쓴 개수에 따라서 상장과 여러 보상을 받았습니다. 불과 10년 전에도 대부분 초등학교에서 50권 이상의 독후감을 쓰면 상장을 주곤 했습니다. 학교에서 독서기록장을 만들어 일주일에 한 번씩 검사하는 방식이 대부분 초등학교에 감기처럼 퍼져 있었습니다. 그런데 독후감 쓰기는 아이들이 책 읽기를 가장 두렵게 만드는 활동입니다. 독후감 쓰기가 일정한 양식을 가진 숙제로 제시된다면 아이들에게 책 읽기는 하나의 수단으로 전락하고 맙니다.

실제로 학교에서 독후감 숙제를 많이 내던 시절의 아이들 독후감은 책 뒤표지에서 볼 수 있는 줄거리를 그대로 옮겨 적은 것과 '참 재미있었다'라고 쓴 내용이 대부분이었습니다. 아이들에게 줄거리 대신 자신의 느낀 점을 써야 하는 것을 강조해도 줄거리가 독후감의 대부분을 차지합니다.

책을 좋아하는 아이들도 독후감을 쓰느라 책 읽는 시간을 줄일 수밖에 없습니다. 책은 읽는 것 자체로 즐겁고 행복해야 합니다. 독후감을 쓰기보다는 부모와 자녀의 자연스러운 대화나 재미있는 독후 활동으로 서로 느낀 점을 공유하고 책 내용에 대해 한 번 더 생각해 보는 것으로 충분합니다. 주의할 점은 책을 제대로 읽었는지 확인하는 질문이나 교훈을 설명해서는 안 됩니다. 아이들 스스로 책을 읽고 깨닫지 못한 교훈은 백 번, 천 번 말해도 아이들의 마음에 전혀 와닿지 않습니다. 대화를 통해 스스로 변화를 끌어내야 합니다. 대화는 책에 나오는 사소한 인물과 색깔에서부터 주제와 줄거리로 연결되면 효과적입니다. 책 속의 작은 것들에 집중하다 보면 자연스럽게 책의 주제와 가까워집니다.

위와 같은 과정에 익숙해지면 독후감 쓰기 대신 간단한 한 줄 쓰기로 진행해 보세요. 초등학교 4학년까지는 대체로 책에 관심이 많습니다. 책에는 재미있고 신기한 내용이 많아 아직은 책 읽기를 부담스러워하지 않습니다. 이때 독후감처럼 긴 글을 쓰게 하면 자칫 독서에 대한 흥미마저 잃게 할 수 있습니다. 긴 글 대신 한 줄 쓰기를 하다 보면 아이들은 "두 줄 쓰면 안 돼요?", "많이 쓰고 싶어요."라는 말을 절로 합니다. 짧은 한 줄에도 아이의 평소 생각을 알 수 있는 계기가 됩니다. 아이의 글에는 은연중에 자신의 평소 생각이나 감정이 드러날 때가 많습니다. 학교에서 동시 쓰기나 책 읽고 느낀 점을 쓰다 보면 아이가 고민하는 지점이 드러날 때가 많습니다. 아이들의 한 줄 쓰기를 관심 있게 읽어 보면 글을 통해 아이들의 내면과 만나게 되고 소통이 이루어집니다.

한 줄 쓰기를 계속 진행하다 보면 자연스럽게 책의 내용도 쉽게 파악하게 됩니다. 더불어 스스로 요약하는 능력도 생깁니다. 아이가 책을 읽고 난 후 자연스럽게 한 줄을 쓰는 습관이 생기고, 스스로 책 읽는 습관이 정착된다면 그때부터는 한 줄 쓰기를 검사하기보다는 스스로 할 수 있게 격려해 주세요.

책과 관련된 체험(놀이)활동 하기

책은 '자신이 살아보지 못한 삶을 살 수 있는 또 하나의 기회'라는 말이 있습니다. 우리는 평생 경험해 보지 못할 다른 사람들의 삶을 책을 통해서 경험합니다. 책을 통해 어느 나라, 어떤 사람, 새로운 세계 등 무엇이든 경험할 수 있습니다.

아이들이 이와 같은 삶의 기회를 직접 체험해 보는 것은 어떤 교육 효과가 있을까요? 상상이 현실이 되는 경험은 아이에게 즐거운 추억으로 남습니다. 읽은 책의 배경이 되는 곳으로 여행을 떠나거나 박물관, 도서관, 유적지 등 책에서 본 내용을 직접 보고 듣고 느끼는 활동을 해보세요. 또는 여행 관련 동화책을 읽고 아이와 함께 계획을 세워 떠나 보는 활동도 유익합니다.

아이는 여러 가지 놀이를 통해 신체의 여러 감각을 자극받고 책의 내용을 이해하고 받아들이게 됩니다. 즉 정적인 독서에서 만지는 것, 먹는 것, 움직이는 것, 기발함 등 여러 요소가 새롭게 추가됩니다. 아이들이 좋아하는 요소가 독서와 결합해 흥미가 높아질 수 있습니다.

독서는 눈으로 보거나 듣고, 스스로 생각하는 활동입니다. 아이들은 자라면서 점차 상상력이 떨어지고 주변에 관심이 크게 사라지는 시기가 옵니다. 그때 아이들에게 독서는 현실과 동떨어진 무엇으로 느껴집니다. 이 상태가 계속되면 독서에 대한 흥미는 더욱 떨어지고 현실과 동떨어진 활동은 아이에게 더 이상 흥미를 끌어내지 못합니다.

최근 TV 프로그램을 보면 〈강식당〉, 〈백종원의 골목식당〉, 〈맛있는 녀석들〉 등 먹는 방송, 일명 먹방 프로그램이 많습니다. 우리는 프로그램을 보며 '맛있어 보인다.'라는 생각에 그치지 않고 "다음에 저기 가서 꼭 먹어 보자."라는 이야기를 합니다. 그리고 직접 가서 먹어 보면 감동이 2배, 3배가 됩니다. 책에서 읽은 것도 크게 다르지 않습니다. 책에서 주인공이 경험한 장소, 먹은 것, 체험한 활동 중 아이가 특히 관심 있어 하는 내용이 있을 겁니다. 이때 그 내용을 꼭 경험해 볼 수 있는 기회를 제공해 주세요. 아이가 책을 읽고 '이건 꼭 해봐야지.'라는 욕구가 생겨야 독서에 대한 흥미가 계속 이어질 수 있습니다.

아이와 함께 주말이나 휴가 기간에 여행을 가게 될 때는 꼭 책 한 권을 정해서 내용과 관련된 체험을 해보는 건 어떨까요? 힘들다면 시원한 그늘에 누워 책을 다 같이 읽어 보는 것도 좋은 휴식이 되지 않을까요?

온 가족 독서시간 정하기

아이의 성격 및 인성 발달에 결정적인 요소는 부모와 가정환경입니다. 행복한 가정에서 자란 아이는 만나서 몇 마디만 나눠도 다른 아이들과 느낌이 다릅니다. 집에서 사용하는 부모님의 말투, 행동, 아이를 대하는 양육 태도, 다른 사람들을 대하는 모습 등 사소한 것들이 아이들에게는 학습이 되고 배움이 되기 때문입니다.

독서는 어떨까요? 가족 모두가 책을 외면하고 핸드폰 게임과 TV 예능만 시청하는 가정이 많습니다. 그리고 자녀를 데리고 집 근처 서점, 도서관에는 한 번도 가지 않는 가정도 많습니다. 과연 아이가 올바른 독서습관과 태도를 배울 수 있을까요?

아이와 함께 책을 읽으세요. 시간을 정해 놓고 함께 읽어 보세요. 이때 **책을 읽으면 간식을 준다거나, 무엇을 사준다는 보상은 바람직하지 않습니다.** 아이가 정 읽기 싫어하면, 아이에게 "엄마는 지금부터 한 시간 동안 책 읽을 거야. 엄마 책 읽는 동안 어떤 걸 하고 싶어?"라고 물어보세요. 대부분 아이는 함께 책을 읽고 싶다고 말할 것입니다. 혹시 원하는 대답이 나오지 않는다면, 부모가 책을 펴고 읽기 시작해 보세요. 계속 떼를 쓰다가 어느 순간 옆에서 책을 읽기 시작하는 아이를 볼 수 있습니다.

책을 다 읽고 난 뒤 책에 관한 내용과 오늘 책을 읽으며 느낀 점에 대해 간단히 이야기를 나누는 것이 좋습니다. 중요한 것은 무슨 일이 있어도 가족 독서시간을 지켜야 한다는 점입니다. 바쁘다는 핑계, 술 약속, 모임 같은 이유로 흐지부지될 독서시간이라면 오히려 아이에게 독서에 대한 부정적인 생각을 심어 줄 수도 있습니다.

가족들이 모여 모두 함께할 수 있는 시간을 이야기한 뒤 날짜와 시간을 정해 보세요. 그리고 혹시나 시간 약속을 지키기 어렵다면, 며칠 전에 미리 날짜 변경을 요청합니다. 자녀들과 협의하여 가족 상황에 맞는 독서시간을 정해 서로 대화하고 교감을 나눈다면 아이들의 두뇌 발달에 큰 도움이 됩니다. 특히 아이가 사춘기가 되면 아이가 부모와의 대화를 피할 때가 많습니다. 어렸을 때부터 만들어 놓은 가족 독서시간을 아이가 중학생, 고등학생이 되어도 유지해 보세요. 평소 대화를 많이 하지 못해도 함께 책 읽고 대화하는 시간을 통해 가족애가 두터워집니다.

아이와 대화시간 늘리기

평소 책도 안 읽어 주는 부모가 "왜 책을 안 읽니?", "오늘 읽어야 할 만큼 다 읽었어?", "독후감 쓴 거 가지고 와 봐" 같은 잔소리를 한다면 아이는 점점 더 책에서 멀어집니다. 어른들이 푹 빠져서 하는 취미 활동도 누군가가 계속 부추기면 부담감이 생깁니다. 아이 스스로 책 읽기에 흥미를 느끼게 하는 것이 중요합니다. 이를 위해 아이와 함께하는 대화시간을 늘려 보세요. 아이가 관심을 가지는 놀잇감이나 영화, 놀이공원 등 재미있는 놀이를 하며 시간을 보내세요. 그러면서 자연스럽게 독서와 관련된 대화를 이어나가는 것이 바람직합니다. **만약 아이가 한창 그림 그리기, 블록 쌓기 같은 놀이에 빠져 있는데, 불쑥 책을 들이미는 것은 좋지 않습니다. 하던 활동을 마치고 다른 활동을 하고 싶어 할 때 책 읽기를 권해 보세요.**

가정에서 열심히 독서 지도를 하면 좋겠지만, 아이들은 학교 수업을 마치고 방과후 수업이나 사설 학원 등 여러 사교육을 전전합니다. 부모들의 어린 시절과는 사뭇 다릅니다. 학교가 끝나면 축구, 고무줄 놀이, 운동장과 개울가에서 뛰놀던 때와는 많이 달라진 풍경입니다. 부모들 모두 힘들어하는 아이들을 보면 안타까운 마음이 든다고 합니다. 그렇다고 주변에서 다들 하는 것을 보며 불안한 마음에 따라 할 수밖에 없습니다.

초등학교 시기는 많은 경험을 하는 시기입니다. 태권도, 회화, 축구, 야구, 농구, 줄넘기, 코딩, 피아노 등 다양한 학원들이 있고, 아이들은 학원에 다니며 새로운 경험을 쌓아갑니다. 아이들은 몸으로 체험하는 학원은 즐겁게 다니지만, 국어, 영어, 수학 같은 교과 관련된 학원을 강제로 다니면 학습과 독서를 멀리하는 경향을 보입니다.

아이들은 아침 9시부터 오후 3시까지 학원을 간 뒤 저녁 10시까지도 학원에서 공부하는 경우를 종종 볼 수 있습니다. 이는 어른 기준으로 보면 회사에서 퇴근한 뒤 영어학원에 다니고, 투잡까지 뛰는 경우에 빗댈 수 있습니다. 어른도 일반 직장인 기준으로 아침 9시부터 저녁 6시까지 일을 하고 집에 오면 아무것도 하고 싶지 않고, 그저 푹 쉬고 싶은 마음입니다. 아이들은 오죽할까요?

적어도 초등학교 4학년까지는 아이가 힘껏 뛰어놀고 스스로 경험하는 기회를 주세요. 친구들과 놀며 자연스럽게 배우는 것들이 오히려 아이가 살아가는 데 더 큰 힘이 됩니다. 놀다 지쳐 집에 들어오면 부모님과 따뜻한 대화를 하며 행복한 가족을 만들어 주세요. 이와 같은 분위기 속에 자연스러운 독서교육은 시작됩니다. 아이의 모든 교육은 부모와의 관계에서 시작됩니다. 퇴근 후 지친 몸과 마음 때문에 조금 힘들더라도 대화를 포기하지 마세요. 부모가 대화를 포기하는 순간 아이는 기댈 곳을 잃을 수도 있답니다.

따뜻한 눈빛과 행동

한 가지 습관을 익히는 데 얼마나 걸릴까요? 런던대학교의 제인 워들 교수는 실험을 통해 한 가지 습관이 몸에 배는 데 66일이 걸린다는 결론을 얻었습니다. 평균적으로 66일이 지나면 자연스럽게 행동이 몸에 배어 익숙해진다고 합니다. 아이들에게 어떤 습관을 지니게 하려면 두 달이라는 시간이 필요합니다. 그렇다면 아이에게 독서습관을 길러 주기 위해 두 달 동안 매일 같은 시간에 책을 읽게 하는 것이 과연 쉬울까요? 무엇이든 생각은 쉽지만 행동으로 옮기는 것은 어려운 법입니다. 그런 만큼 부모의 일정이나 가족 행사 등으로 독서

시간을 지키기 어려운 상황일 때는 유동적으로 접근하는 것이 필요합니다.

가족회의를 통해 독서에 관해 이야기를 나누어 보세요. 어떤 식으로, 어떻게 가족 독서 행사를 진행할지 이야기를 나누어 보세요. 그리고 무슨 일이 있어도 장소에 구애를 받지 않고 책을 읽도록 노력해 봅시다. 이때 아이가 책 읽는 모습을 보며 짓는 뿌듯한 미소와 행동은 아이의 독서에 긍정적인 강화를 일으킵니다. 부모의 따뜻한 눈빛과 행동은 아이가 독서를 하며 이것저것 부모에게 물어볼 힘을 제공하고, 책에서 읽은 것과 부모에게서 들은 내용을 종합하여 생각하는 연습을 할 수 있습니다.

아이가 처음에는 오랜 시간 책을 읽기 힘들어할 수 있습니다. 이때 다그치기보다는 격려와 지지를 해주세요. 아이에게는 자신의 이야기를 들어주고, 함께 공감해 주는 사람이 꼭 필요합니다. 아이가 조금 늦더라도, 조금 부족하더라도 지켜봐 주면서 기다려 주세요. 아이의 올바른 독서습관뿐 아니라 긍정적인 자아존중감을 위해서라도 아이를 존중해 주고, 격려해 주세요. 우리가 아이를 따스하게 바라보며 사랑을 듬뿍 주고 기다려 준다면 다른 사람이 보는 우리 아이도 그와 같은 모습이 됩니다. 실제로 10년간 교직 생활을 하며 많은 부모와 상담하면서 부모의 모습에서 아이의 모습이 겹쳐졌습니다. 아이의 성향은 부모의 성향을 참 많이 닮는구나, 하고 새삼 느꼈습니다.

ELEMENTARY 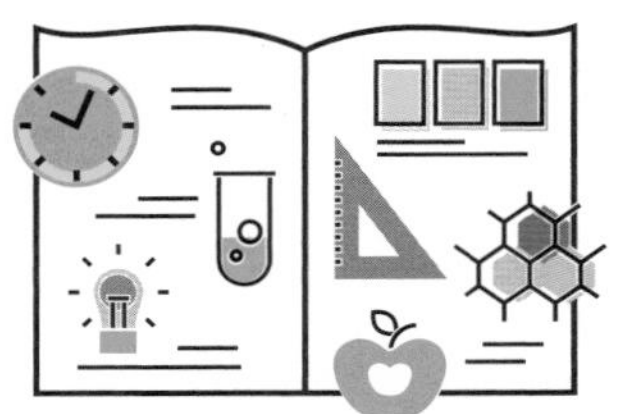 READING

아이와 함께 책 읽는 방법 5가지

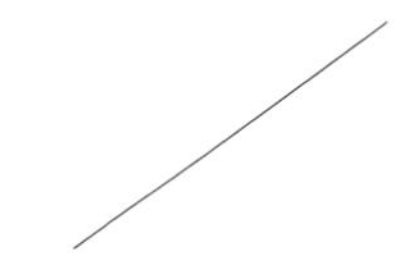

아이들에게 책을 읽어 줄 때 어떻게 읽는 것이 효과적일까요? 사실 부모의 목소리 톤이나 읽는 방법은 그다지 중요하지 않습니다. 아이와 얼마나 교감하느냐가 핵심입니다. 하지만 아이는 부모를 보고 그대로 배우기 때문에 동화책에 쓰인 글자는 반드시 올바르게 읽는 것이 필요합니다. 또한 문장을 읽을 때 의미에 따라 띄어 읽기를 정확히 해주세요. 아이가 부모의 읽기에 따라 이해하고 쉬어가는 부분을 자연스럽게 익힐 수 있습니다. 강조할 부분에서는 확실한 강조와 동시에 아이와 눈을 마주쳐 주세요. 책 읽기는 한 방향이 아닌 양방향이 되어 아이와 함께 진행해야 합니다.

아이의 생일, 어린이날 등 특별한 날에 책을 선물해 보세요. 이는 아이에게 책은 특별한 날에 받는 선물이라는 인식을 심어 줄 수 있습니다. 특히 평소에 아이가 읽고 싶었던 장르의 책이나 부모가 꼭 읽어 주고 싶었던 책으로 고르면 좋습니다. 혹시 아이에게 책을 선물하고 반응이 좋지 않았다면 아이가 좋아하는 분야와 관련된 책을 선물하거나 1+1로 아이가 좋아하는 다른 선물과 함께 주는 것도 방법입니다.

1. 모르는 내용 추측해서 읽기

아이들은 책을 읽다 보면 모르는 내용을 그때그때 질문할 때가 많습니다. 바로 설명해 주는 것도 아이가 책을 이해하는 데 좋은 방법입니다. 관점을 바꾸어 아이에게 다음과 같이 말해 보는 건 어떨까요?

"책을 끝까지 다 읽고 나면 알게 될 텐데, 계속 읽어 볼까?"

"무슨 뜻일 것 같아?"

"한번 상상해 볼까?"

별것 아닌 듯한 이 한마디가 아이가 스스로 생각하는 힘을 기르는 데 결정적 역할을 할 수도 있습니다.

아이가 살아가는 데 있어 '독해력'은 삶의 바탕이 됩니다. 성인도 신문이나 책을 읽을 때 모르는 어휘나 한자가 종종 나옵니다. 이때 일일이 모르는 단어를 찾아보지 않아도 앞뒤 문맥이나 상황을 통해 자연스럽게 이해합니다. 아이들에게도 이와 같은 능력을 스스로 기를 수 있게 도움을 주어야 합니다.

독해력은 아이들이 학교에서 학습하는 데 중요한 역할을 합니다. 실제 초등학교에서 책을 많이 읽는 아이들이 교과에서 우수한 성적을 보이는 이유가 바로 '독해력' 때문입니다. 책을 많이 읽지 않은 아이들은 교과서에 있는 많은 글씨에 압도당하여 글씨를 해독하는 데 시간을 많이 보냅니다. 단순 계산문제는 빠르게 푸는 아이들이 많은데 비해 문장으로 구성된 수학 문제의 내용을 이해하지 못해서 틀릴 때가 많습니다. 아이에게 모르는 내용을 추측해서 읽기 연습을 꾸준히 시켜 주세요. 그러면 아이의 학업 성적을 높이고 수업시간에 자존감을 키우는 데도 큰 도움이 됩니다.

2. 밑줄 치며 읽기

아이와 책 읽기가 어느 정도 익숙해지면 밑줄 치며 읽기를 시도해 봅니다. 밑줄 치며 읽기는 줄글로 된 글을 읽는 아이들에게 적용하기 좋은 방법이나 동화책도 글씨가 많다면 적용할 수 있습니다. **아이가 책을 읽으며 주요 인물, 중요한 사건, 감정의 변화가 일어나는 곳에 밑줄을 치게 하세요. 주인공에는 동그라미, 중요한 사건에는 노란색 형광펜, 감정의 변화에는 초록색 형광펜으로 색을 칠해 보세요.** 이처럼 표시하면 아이가 책 한 권의 내용을 온전히 기억하고 이해하는 데 도움이 됩니다. 표시하면서 그 내용을 한 번 더 생각함으로써 책의 내용을 더 깊게 이해하게 됩니다.

아이들은 정독보다는 다독을 하는 경우가 많습니다. 다독은 책에 흥미롭게 접근하는 측면에서는 긍정적이지만 아이가 자람에 따라 정독으로 나아가는 것이 바람직합니다. 책을 지나치게 많이 읽는 아이 중 책 내용을 기억 못 하는 아이들이 많습니다. 이때 밑줄 치며 읽기를 한다면 책에 조금 더 집중해서 읽을 수 있습니다. 그리고 부모님과 함께 밑줄을 치며 그곳에 밑줄을 친 이유를 물어보며 함께 읽어 보세요. 도서관에서 빌린 책은 밑줄 치기 대신 노트에 옮겨 적거나 포스트잇으로 표시하는 방법으로 대체할 수 있습니다.

3. 강조하며 읽기

강조하며 읽기는 아이가 책을 읽을 때 중요한 부분을 강조해서 읽는 방법입니다. 예를 들어 갑자기 누군가 '펑' 하고 튀어나오거나 긴장이 고조될 때 부모가 그 부분을 실감 나게 표현해서 읽어 주고, 등장인물별로 목소리를 조금씩 바꿔서 읽어 주는 것입니다. 주의할 점은 책을 미리 읽어 보지 않으면 '강조하며 읽기'가 제대로 되지 않습니다. 동화책도 하나의 문학작품으로 작품성을 지니고 있습니다. 쉽게 보고 읽었다가는 전혀 관련 없는 곳에서 강조하게 되어 난감할 때가 있습니다. 부모가 아이의 동화책을 먼저 한 번 훑어보세요. 5분도 걸리지 않습니다. 먼저 한 번 읽어 본 후 주인공과 중요 사건 정도를 파악한다면 책을 강조하며 읽는 데 무리가 없습니다.

책을 강조하며 읽기를 많이 한 아이들은 학교에서 책을 읽을 때 실감 나게 읽기를 매우 잘합니다. 강조하며 읽기는 아이의 자신감 면에서도 도움을 주는 읽기 방법입니다.

4. 요약하며 읽기

요약하며 읽기는 책 내용 되돌아보기의 한 방법입니다. 처음에는 아이와 함께 한 페이지 읽고 한 문장이나 한 단어로 요약하기를 연습해 보세요. 그리고 차츰 두 페이지, 세 페이지로 늘리는 연습을 해보세요. 그리고 책 전체를 문장이나 단어로 요약하기로 발전시켜 보세요. 한 문학작품을 요약해 보는 활동은 아이가 읽은 내용을 다시 한 번 점검해 본다는 차원에서 학습능력을 좌우하는 '메타인지' 능력을 키울 수 있습니다.

메타인지는 '자신의 인지 능력에 대해 알고 이를 조절할 수 있는 능력'을 말합니다. 간단히 말하면, 수학 문제를 풀고 난 후 학습의 과정 전반을 아이가 스스로 돌아보며 문제점을 파악합니다. 즉, 자신이 아는 것과 모르는 것이 무엇인지 구별해 내는 능력입니다. 우등생과 열등생의 차이는 메타인지에 있습니다. 이 능력이 학습에 결정적이라는 사실은 최근 많은 연구를 통해 알려져 있습니다. 우등생은 메타인지를 활용해 학습 도중 여러 가지 계획을 세우고 실천해 보고, 계획을 수정하고, 자신을 평가하고, 다시 되돌아가는 과정을 반복합니다.

즉, 하나의 문제를 깊게 생각하고 여러 각도로 생각해 봅니다. 어떻게 생각하면 비효율적일 수도 있는 이 활동이 결국 아이의 학습능력을 높입니다. 왜냐하면 메타인지는 아이의 문제 집착력을 키워 어떤 상황이나 문제에도 대처할 수 있는 아이로 만들어 주기 때문입니다.

그렇다면 독서에서 어떤 활동을 하면 메타인지를 키울 수 있을까요?

우리는 일반적으로 책을 읽고 난 후에는 내용이 잘 기억나지 않아 한 단어나 그림으로 연상해서 기억할 때가 많습니다. 요약하기는 읽은 것을 오랫동안 기억하게 해주고, 스스로 읽은 내용을 점검하며 메타인지 능력을 길러 줍니다. 요약하며 읽기를 통해 길러진 메타인지 능력은 나중에 글을 읽고 핵심 내용을 파악하는 데 도움을 주어 다양한 문학작품을 읽고 주제를 파악하거나 내용을 요약하는 데 도움을 줄 수 있습니다.

아이들과 요약하며 읽는 활동을 꾸준히 해주세요. 책을 읽으며 스스로 기억이 나지 않으면 되돌아가 보세요. 요약한 내용만 다시 읽어 보고 책 내용을 올바르게 표현했는지 많은 대화를 나눠 보세요. 어느새 책 한 권을 자유자재로 요리하는 아이가 되어 있을 것입니다.

5. 되돌아가서 읽기

아이들과 책을 재미있게 읽다가 뒷부분에 가면 앞부분의 내용이 기억나지 않는다고' 말합니다. 이때 되돌아가서 읽기를 해보면 좋습니다. 되돌아가서 읽기는 다산 정약용의 '묵상'의 장점을 따온 방법입니다. 묵상이란 신중히 생각하는 것, 반복하여 중얼거리는 것을 뜻하며 머릿속에 저장된 말을 다시 떠올려 되새기는 시간을 뜻합니다. 즉, 소리를 내지 않고 내용을 읽어 보고 다시 한 번 되새기는 과정은 강조하며 읽기와 일맥상통합니다. 그 당시 성리학에서는 소리 내어 읽기가 가장 강조되는 시기였습니다. 흔히 드라마에서 보듯 모두 모여 앉아 사서오경을 함께 읽는 모습을 연상하면 쉽습니다.

우리 아이도 책을 읽고 궁금하거나 해결하고 싶은 내용이 있다면 스스로 되돌아가서 다시 읽는 것을 적용해 보는 것을 권해 보세요. 스스로 깨닫는 것은 주변에 질문을 통해 얻게 되는 지식보다 몇 배의 가치가 있습니다. 스스로 생각할 힘과 넓은 안목을 가지기 위해 아이와 함께 되돌아가서 읽기를 해보세요.

구체적인 실천 방법으로 아이가 다소 어려워할 수도 있지만, 부모와 함께 신문 읽는 시간을 가져 보세요. 신문을 함께 전체적으로 훑어보고, 아이가 관심 있어 하는 분야는 함께 읽어 보세요. 스포츠 분야나 광고지, 혹은 초등학생과 관련된 기사 부분을 함께 읽어 보세요. 아이가 신문을 어렸을 때부터 접하고 되돌아가서 읽기를 계속하다 보면 조금 더 어려운 문체도 읽을 수 있게 됩니다. 동화책은 아이들이 이해하기 쉬운 문체이지만 신문은 구조적이고 논리적으로 구성되어 있습니다. 또한 한자 표기도 많아 한자에 대한 관심도 유발할 수 있습니다. 그리고 신문을 읽을 때는 반드시 부모님이 함께 옆에서 읽어 주세요. 아이들은 신문의 내용을 그대로 읽고 받아들이는 경향이 많습니다. 내용을 비판적으로 받아들일 수 있게 신문에 나온 주제로 대화를 해보거나 짧은 글쓰기를 해보는 것도 좋은 독서 방법이 될 수 있습니다.

우리 아이는 스마트폰 중독일까, 아닐까?

아이와 함께 다음 체크리스트를 함께 확인해 보세요.

우리 아이 스마트폰 중독일까?	해당란에 O 표시
스마트폰이 근처에 없으면 불안하다.	
하루에 2시간 이상 스마트폰을 사용한다.	
화장실에 스마트폰을 가지고 들어간다.	
스마트폰 키보드를 치는 속도가 빠르다.	
스마트폰이 보물 1호다.	
아무 이유 없이 스마트폰을 만지작거릴 때가 있다.	
식사/공부/독서 중에도 스마트폰 알람이 울리면 바로 확인한다.	

◉ 혹시 위의 7가지 중 6개 이상이라면 스마트폰 중독 고위험군입니다. 스마트폰 외에 다른 것에 취미를 가질 수 있게 해주세요. 운동, 독서 등 다른 활동과 스마트폰을 접목하여 스스로 스마트폰 시간을 조율할 수 있는 능력을 길러 주어야 합니다. 위의 7가

지 항목 중 3~5개는 스마트폰을 좋아하는 아이입니다. 스마트폰을 정해진 시간에만 사용하고, 아이와 대화하는 시간을 늘려 주세요. 0~2개는 아이가 스마트폰을 올바르게 활용하고 있다고 생각해도 됩니다.

초등학교 저학년 아이들은 아직 친구들의 이야기를 듣고
크게 공감하거나 이해하기는 힘듭니다.
다양한 책 이야기를 들으며 다른 사람이나 동물의 마음을 이해해 보는 과정을 통해
주변 사람들의 마음을 이해하는 공감력이 향상됩니다.

4장

책 읽는 습관 만들기 일주일 프로젝트

ELEMENTARY 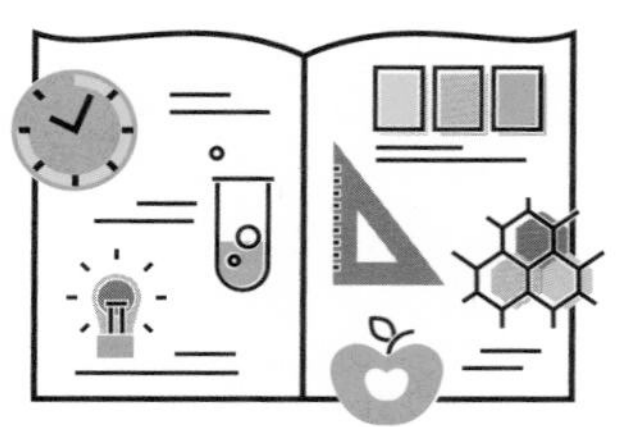 READING

1일차
아이와 함께 하루에 한 권을 읽어요

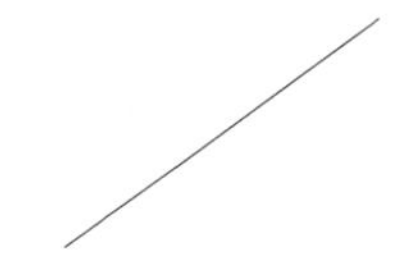

아이들이 책과 친해지고 가까워지는 데 부모의 역할은 결정적입니다. 초등학교 4학년 시기까지는 부모의 의견대로 아이들이 잘 따라와 줍니다. 여행도 함께 가고, 학원도 잘 다니고, 대화도 많이 나눕니다. 하지만 5.6학년이 되고 사춘기가 오면 말수가 줄어들고 아이와 함께하고 싶어도 아이가 조금씩 밀어내고, 부담스러워하는 모습을 보입니다. 따라서 초등 저학년 시기에 아이와 독서를 통해 좋은 관계를 꼭 유지해 주세요. 이 시기 아이와의 관계가 중·고등학생, 대학생이 되어서도 쭉 유지됩니다.

일주일간 아이들과 함께할 수 있는 독서습관 만들기 프로그램을 소개해 드립니다. 하루에 두세 개씩 함께 해볼 수 있는 독서 활동입니다. 여건에 따라 하루에 하나씩 한 달 동안 해도 좋습니다. 중요한 것은 꾸준함입니다. 잠깐 활동을 해보고 그만둔다면, 아이는 더욱 독서와 멀어집니다. 끈기와 열정으로 천천히 아이와 함께 다양한 독서 활동을 해보세요.

1단계 하루에 한 권씩 책 읽어 주기

책 읽는 습관을 만들기 위한 첫 단계는 하루에 한 권씩 책 읽어 주기입니다. 아이와 놀아 주기도 힘든데 책 한 권 읽어 주는 게 쉽지는 않습니다. 더구나 혼자서도 충분히 글을 읽을 줄 아는 나이기에 굳이 읽어 줘야 하나 의구심이 들기도 합니다. 하지만 하루에 한 권씩 책 읽어 주기는 아이에게 많은 도움이 됩니다.

우선, 아이의 듣기 집중력을 길러 줄 수 있습니다. 아이가 학교에 가면 수업시간에 선생님 이야기를 오랫동안 들어야 하고, 친구들의 이야기도 들어주어야 합니다. 집에서부터 부모가 무릎 위에 앉혀서, 또는 누워 있는 아이에게 매일 책을 읽어 주면 자연스럽게 듣기 집중력이 커집니다. 듣기 집중력은 아이가 학교 수업에 열심히 참여하게 이끕니다.

편안한 자세로 내가 좋아하는 소리를 듣는 것은 명상하는 것과 같은 효과가 있습니다. 조용한 음악과 편안한 자세는 마음을 가라앉히고 그동안 쌓인 스트레스를 풀어 줍니다. 실제로 전문 명상 수행자가 아닌 보통 사람들도 짧게는 두 달에서 1년 정도 마음챙김 명상을 수행하면 뇌에 변화를 일으켜 우울감이 행복감으로 바뀐다는 연구 결과가 있습니다. 또한 명상은 면역기능도 강화한다는 연구가 있습니다. 꾸준한 책 읽기는 아이의 행복감과 면역기능 향상에도 도움을 줍니다.

또한 초등학교 저학년 아이들은 아직 친구들의 이야기를 듣고 크게 공감하거나 이해하기는 힘듭니다. 다양한 책 이야기를 들으며 다른 사람이나 동물의 마음을 이해해 보는 과정을 통해 주변 사람들의 마음을 이해하는 공감력이 향상됩니다.

많은 부모가 책을 읽어 줄 때 어떻게 재미있게 읽을 수 있는지 고민합니다. 아이와 1:1로 책을 읽을 때는 어떤 특별한 기법이 필요하지 않습니다. 평소 아이와 대화하는 말투보다 조금 톤을 높이거나 흥미로운 부분에 약간의 강조만 해도 됩니다. 그리고 아이가 궁금해할 만한 부분에서 이야기를 잠깐 끊어 호기심을 유발하는 정도만 해도 아이는 책 속에 푹 빠집니다.

2단계 아이가 부모에게 책 읽어 주기

1단계에서 부모가 아이에게 책을 읽어 줬다면 이제 아이가 책을 부모에게 읽어 주면 효과가 좋습니다. 이어서 해도 좋고 다음 날 아이가 읽어도 됩니다. 서로 읽어 주는 과정이 익숙해지면 자녀가 두

명 이상일 때는 아이끼리 서로 책을 읽게 해보세요. 제가 근무하는 학교에서는 1학년과 6학년이 서로 책을 읽어 주는 활동을 진행합니다. 6학년이 1학년에게 책을 읽어 주는 것의 장점은 이미 알고 있었지만, 반대의 경우도 6학년 아이들이 흥미롭게 책 내용에 빠져드는 것을 볼 수 있었습니다. 아이들이 서로 책을 읽어 주는 자연스러운 모습은 보기 좋은 풍경입니다. 이 과정을 통해 자연스럽게 서로의 이야기를 공유하고 감정을 교류하며 우애가 깊어지고, 다툼도 줄어드는 효과가 있습니다.

아이가 부모에게 책 읽어 주는 것은 책을 일방적으로 읽어 주는 관계에서 서로 읽어 주는 관계로 확장된 것입니다. 이는 아이가 자신이 읽어 주는 책을 부모님이 즐겁게 들어주고, 궁금한 점을 서로 주고받는 활동이 되어 '나도 부모님에게 중요한 사람이구나.'라는 자존감을 길러 줍니다. 더불어 한 권을 끝까지 읽었을 때 칭찬을 많이 해주세요. 아이들은 부모와 함께 읽지 않을 때라도 부모님에게 책을 읽어 주기 위해 먼저 다양한 책을 읽고 기다리고 있을지도 모릅니다.

3단계 한 문장씩 번갈아 읽기

마지막으로 아이와 같은 책을 읽을 때 한 문장씩 번갈아 읽어 보세요. 이 과정은 아이의 책 읽기 집중력을 기르는 데 도움을 줍니다. 부모와 번갈아 한 문장씩 읽을 때 아이를 바라보세요. 자신의 차례가 되었을 때 읽으려고 책에서 눈을 떼지 않습니다. 혹 어디를 읽을 차례인지 글줄을 놓쳤을 경우 서로 알려 줄 수도 있습니다. 한 문장씩 번갈아 읽다 보면 자연스럽게 책과 관련해서 대화를 주고받을 수도 있습니다.

한 문장씩 번갈아 읽다 보면 자연스럽게 책을 읽고 아이와 토의하는 시간을 가집니다. 서로 한 문장씩 이야기하며 자연스럽게 질문과 대답이 이루어집니다. 이는 특정 주제로 토의하는 것보다 함께 정한 책으로 자연스럽게 토론하는 기회가 됩니다. 책을 읽고 나누는 이야기는 책이라는 분명한 대상이 있어, 더 쉽게 자기 의견을 말할 수 있습니다. 이를 통해 말하기에 자신감이 생기면 아이가 학교에서 밝은 모습으로 생활할 수 있습니다.

책은 혼자 읽고 이해하기보다는 여러 명이 읽고 토론하고, 고민하는 과정이 있다면 논리력과 사고력을 기르는 데 더욱 효과적입니다. 학교 교육은 한 교실에 30명 내외의 아이들이 있기 때문에 듣기, 말하기, 읽기, 쓰기 중 말하기 능력을 기르는 데 구조적인 어려움이 있습니다. 책을 읽고 나누는 대화를 통해 자연스럽게 말하기 능력을 길러 주세요. 한 문장씩 번갈아 읽어 보며 글을 정확하고 바르게 읽는 습관을 들이세요. 바르게 읽는 습관은 모든 교과목 학습의 기초가 됩니다.

ELEMENTARY  READING

2일 차
아이와 함께 도서관 나들이해요

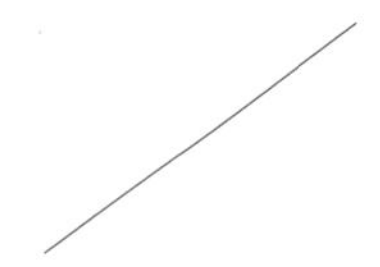

2일 차에는 아이와 함께 도서관으로 떠나 보세요. 학교에서 책을 많이 읽거나 학교 도서관을 자주 이용하는 저학년 아이들과 대화를 나눠 보면 방과후나 주말에 도서관을 부모님과 같이 가는 아이들이 많습니다. 이 아이들은 독서 집중력이 높고, 학교 도서관에서도 꾸준히 책을 빌리는 모습을 볼 수 있습니다. 따라서 아이와 함께 시간이 된다면 도서관이나 서점에 함께 가는 것을 추천합니다.

우선 도서관에 가면 자연스럽게 공공장소를 이용하는 예절을 익히고, 스스로 다양한 책 중에서 원하는 책을 고르는 방법과 책을 정리정돈하는 방법도 배우게 됩니다. 부모님과 함께 가는 것 자체가 큰 기쁨이며 독서에 큰 관심이 없는 아이들도 자기 또래의 친구들이 책을 읽는 모습을 보고 자극을 받기도 합니다. 어린이들이 이용하는 도서관은 별도의 공간으로 꾸며져 있습니다. 바닥에 앉거나 누워서 볼 수도 있고, 다양한 캐릭터가 그려져 친근감을 살린 도서관도 있습니다. 시간을 내서 아이와 함께 도서관에서 재미있게 읽어 보세요. 그리고 돌아오는 길에 부모와 아이 모두 각자 두세 권씩 책을 빌려와서 집에서 함께 읽어 보세요.

서점에 가면 아이들은 책을 사고 싶어 합니다. 아이가 사고 싶어 하는 책이 있다면 그 이유를 물어보세요. 처음에는 "재미있을 것 같아서" 같은 간단한 대답을 합니다. 그때 구체적인 질문을 계속해 주세요. "어떤 부분이 재미있을 것 같아?", "누가 재밌을 것 같아?", "어떤 내용일 것 같은데?" 라는 질문을 던지면 아이는 "주인공이 되어 새로운 세상으로 여행을 떠나고 싶어요."라고 구체적으로 대답합니다.

아이에게 책을 권할 때는 주변 사람들의 추천이나 부모님의 판단도 좋지만 '아이'에게 초점을 맞춰 주세요. 아이가 좋아하는 분야의 책이 어떤 것인지 알아보세요. 만약 공룡에 관한 책을 좋아한다면 다양한 공룡이 나온 그림이나 공룡이 주인공인 동화책을 추천해 주세요. 아이 수준에 지나치게 어려운 책보다는 아이의 수준이나 약간 높은 수준의 책을 권해 주세요. 부모의 눈높이에 맞춘 책을 권하면 아이에게 역효과가 생길 수 있어요. 독서도 기초 단계를 탄탄히 하는 게 더욱 좋은 독서 접근법입니다.

1단계 한 달에 두 번씩 주변 도서관 함께 가기

도서관에는 평소에 접하지 못했던 책들과 다양한 영상자료들이 구비되어 있습니다. 도서관에 가면 자신이 평소 보고 싶었던 책을 읽어 볼 수 있고, 엄청난 양의 책을 봄으로써 독서에 대한 동기부여가 됩니다. 그런데 아이가 도서관에서 책은 읽지 않고 영상에만 관심 있어 하거나 다양한 포스터, 간식에만 관심을 보인다고 해도 여유 있게 기다려 보세요. 부모가 도서관에서 책을 읽는다면, 결국 아이도 책을 읽게 됩니다. 도서관은 성인용 도서와 아이들 도서를 분리하여 운영합니다. 어린이 도서가 있는 곳은 편안한 의자와 소파가 준비되어 있고, 누워서 책을 볼 수 있는 공간도 있습니다.

도서관 대출 기간은 일반적으로 2주이며, 인터넷 홈페이지에서 기간 연장이 가능합니다. 무료 영화 상영과 다양한 체험 활동도 운영하므로 홈페이지를 통해 확인해 봅니다. 필요한 책이 대출 중이라면 예약할 수도 있습니다. 예약한 책이 도서관에 반납되면 문자로 책을 찾으러 오라는 안내가 옵니다.

도서관에서는 연간 프로그램을 운영하는데, 주말마다 영화를 상영하고 여러 강좌가 진행되는데 모두 무료입니다. 평소에 잘 살펴보고 아이와 함께할 수 있는 활동이 있다면 아이의 의견을 물어보고 참가해 보는 것도 좋습니다. 도서관과 친숙해지고 책을 가까이하며 책과 사랑에 빠지는 데 도움이 됩니다. 또한 저녁 프로그램으로 '아이들

책 사랑 활동', '독후 활동' 등 아이들이 책과 관련해 활동할 수 있는 프로그램도 종종 개설합니다. 가까운 도서관에 문의하거나 홈페이지에 접속하면 바로 확인할 수 있습니다.

독서는 가장 건강하고 쉽게 가질 수 있는 습관입니다. 건강한 삶을 위해 매일 꾸준히 운동하는 것처럼 정신과 마음과 건강, 두뇌의 활력을 위해 꾸준히 책을 읽고 재미있는 독서 활동에 참여한다면, 아이는 세상 그 무엇보다 중요한 습관을 지니게 될 것입니다.

2단계 아이만의 도서관 만들기

마지막 단계로 집에 아이만을 위한 도서관을 만들어 보세요. 집이 좁아서 힘들 것 같다고 걱정하지 마세요. 거실 구석 한구석 또는 방 한켠이면 아이에게는 충분한 공간입니다. 아이 스스로 주도적으로 도서관을 만드는 기회를 제공하여 아이가 독서에 대한 기쁨과 성취감을 느끼게 해주세요. 또한 도서관 만들기 활동을 마친 뒤 도서관 이용 횟수에 따른 보상을 함께 만들어 보세요. 도서관 10회 이용 시 책 한 권 사 주기, 독서 체험 활동 떠나기 등 독서와 관련된 다양한 활동으로 보상한다면 독서의 효과는 더욱 배가 될 것입니다.

아이와 함께 도서관 만들기 공간 프로젝트

아이와 함께 도서관 만들기 프로젝트를 이야기 나눠 보세요. 무엇이 필요하고 어떤 책을 어떤 식으로 분류하면 좋을지, 이용할 수 있는 사람은 누구이며 크기는 어느 정도로 만들지 등 이야기를 나눠 보세요. 구체적으로 계획을 짜기는 쉽지 않으므로 간략한 계획과 아이의 흥미를 유발하는 정도로 첫 번째 단계는 넘어가 주세요.

공간 꾸미기 및 책 분류하기

아이와 함께 거실 한켠 혹은 아이 방 한켠에 도서관을 만들어 보세요. 조그만 책꽂이 2개만 있어도 훌륭한 도서관이 될 수 있습니다. 책꽂이 2개가 있다면 한쪽에는 아직 읽지 않은 책, 다른 쪽에는 이미 읽은 책으로 분류할 수도 있습니다. 그리고 벽이나 바닥을 아이가 그린 그림으로 꾸며 보세요. 또 아이와 함께 그리기와 색칠을 하며 충분한 시간을 함께 해보세요. 책을 크기대로 꽂을지, ㄱㄴㄷ 순으로 꽂을지도 정해 보세요. 마지막으로 완성된 도서관 간판을 잘 보이는 곳에 붙여 줍니다.

미니 도서관 사용 규칙 정하기

미니 도서관 사용 규칙을 아이와 함께 정해 보세요. 매일 하는 것은 부모님의 일정과 맞추기 쉽지 않으므로, 일주일에 1~2회 정도 날짜를 정해 두는 것이 좋습니다. 시간 역시 저녁 8~9시보다는 부모님과 함께 있는 시간 중 30분으로 정하는 등 유동적으로 편성해 주세요. 약속이 지켜지지 않으면 아이는 이내 의욕이 꺾일 수 있습니다.

도서 대출 카드를 쓰거나, 아이에게 책을 읽어 줄 때 미니 도서관에서 읽어 줄지, 아이가 하루에 몇 번 도서관을 사용할지 등 다양한 이야기를 아이와 나눠 보세요. 도서관 활동을 통해 아이가 직접 도서관을 운영하는 간접경험을 함으로써 책과 좀 더 가까워질 수 있습니다.

ELEMENTARY  READING

3일차
아이와 놀이로 책과 친해지게 해요

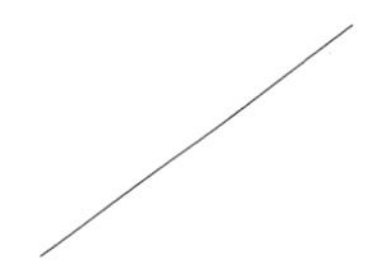

1단계 끝말잇기로 놀기

초등학생 아이들은 누구나 끝말잇기를 좋아하고, 교과서에도 끝말잇기 놀이가 포함되어 있습니다. 끝말잇기는 '아버지'라는 단어를 이야기하면 '지'로 시작하는 단어를 말하는 아주 간단한 놀이입니다. 아이부터 어른까지 누구나 할 수 있고, 아이들도 무척 즐거워합니다. 이를 책과 관련 지으면 여러 가지 놀이가 가능합니다.

저는 아이들이 어렸을 때부터 이기고 지는 승패가 갈리는 놀이를 하는 것을 선호하지 않습니다. 어렸을 때부터 지나친 경쟁심이 학습되면, 학교에서 친구들과 의견대립으로 다투는 일이 생기거나 학교에서 팀과 팀으로 나눠 대결할 때 능력이 떨어지는 자신의 편에게 심한 말을 하는 경우를 종종 보았기 때문입니다. 예를 들어 아이와 부모와 '누가누가 더 빨리 찾나'라는 활동을 할 경우 부모는 아이가 이길 수 있게 져줄 것입니다. 하지만 승자와 패자가 갈리는 상황에 지나치게 자주 노출되면 아이 마음속에 자연히 경쟁심이 생겨납니다.

아이와 부모가 서로 주거니 받거니 하며 총 10번 끝말잇기를 하는 것을 목표로 진행하면 매우 유익한 활동이 될 수 있습니다. 끝말잇기 책 놀이는 책 제목을 활용할 수도 있고 책의 내용을 활용할 수도 있습니다. 집에 책이 많은 가정은 책 제목으로 하면 좋고, 집에 책이 많지 않다면 책 내용을 활용하면 좋습니다.

아이와 함께 10번 끝말잇기를 하면 끝말로 이어지는 책 찾기가 쉽지 않고, 책을 펴서 내용을 다시 읽고 찾는 활동이 힘에 부칠 수 있습니다. 시간이 여유로울 때 하는 것이 좋습니다. 또한 '힌트카드', '집에서 찾기', '동화책 만들기' 활동으로 이어가면 아이들의 흥미를 유지할 수 있습니다.

'힌트카드'는 아이와 함께 놀이하는 아빠 대신 다른 일을 하고 있는 엄마에게 받는 카드입니다. 엄마는 끝말잇기 퍼즐을 해결하기 위한 단어를 종이에 쓴 '힌트카드'를 제공합니다. 힌트카드는 성공할 때까지 제공해 주세요. '집에서 찾기' 활동은 책이 아닌 집 안에서 끝말을 이어갈 수 있는 단어를 찾는 활동입니다. 예를 들어 TV, 식탁, 냉장고 등 집에 있는 사물들을 보며 말할 수 있는 찬스입니다. 마지막으로 동화책 만들기 활동은 아이가 끝말잇기에서 주춤거릴 때 아이에게 "직접 책을 만들어서 끝말잇기를 이어가면 어떨까?"라고 제안하는 방법입니다. "없으면 만들면 되지."라는 생각으로 접근해 보세요. 내가 만든 동화책에 끝말잇기를 완성시킬 수 있는 단어를 포함하여 재미있게 만들어 보세요.

이 활동은 자연스럽게 독후 활동이나 상상력을 표현하는 활동으로 이어질 수 있고, 스스로 생각하고 찾아보는 활동을 통해 작은 성취감을 느낄 수 있습니다.

2단계 책 팔아 보기

책 장터는 어렸을 적 많이 하던 '아나바다 운동'이나 최근 일선 학교에서 주로 하는 활동인 '나눔장터', '알뜰장터' 활동과 비슷합니다. 아이들이 집에서 다 읽은 책들을 가져와 팔기도 하고 사기도 하는 활동입니다. 활동에 참여하는 아이들은 자기가 좋아하는 분야의 책이 아니더라도 책에 흥미를 보이며 기꺼이 그 자리에서 읽기도 하고 친구에게 빌려주기도 합니다. 이러한 활동을 발전시켜 가정에서 해보면 어떨까요?

STEP 1. 팔고 싶은 책 세 권 정하기

아이가 집에서 읽어 본 책 중 팔고 싶은 책을 세 권 정합니다. 이때 아이 스스로 정하게 합니다. 예를 들어 부모님이 읽었으면 좋은 책이나 아이가 여러 번 읽은 책, 혹은 읽고 싶지 않은 책 등 기준을 정한 뒤 아이와 그런 기준을 어떻게 정하게 되었는지 이야기를 나눠 보세요. 책을 사고파는 것보다 중요한 점은 아이가 왜 그런 생각을 했는지 대화를 주고받는 것입니다. 아이 나름의 근거로 이야기했다면 다음 단계로 넘어가세요.

STEP 2. 한 권 경매 진행하기

다음 단계는 세 권 중 한 권을 경매해 보세요. 경매할 때는 아이가 책 제목과 내용에 대한 소개를 함께하고, 몸으로 표현해도 좋습니다. 책을 부모님에게 팔기 위해 다양한 방법으로 노력하는 아이의 모습을 보며 소소한 행복을 느낄 수 있습니다. 그리고 한 권이 팔렸으면 부모님이 이 책을 왜 사게 되었는지 이야기해 주세요. 아이의 책에 대한 설명이 실감 나거나 책의 내용을 잘 표현했다고 말해 주면 아이의 흥미는 더욱더 커질 것입니다.

그리고 남은 두 권은 부모님이 서로 한 권씩 경매해 보세요. 혹시 아이가 처음 책을 경매할 때 너무 어려워하면 아빠, 엄마가 먼저 경매를 하며 시범을 보여 주는 것도 좋은 방법입니다. 그렇게 세 권을 모두 다 사고 나면 다 함께 책 읽기로 마무리합니다.

3단계 독서 보물 찾기

마지막 단계는 독서 보물 찾기입니다. 독서 경매로 함께 읽은 세 권의 책 중 아이가 가장 재미있게 읽은 한 권을 고릅니다. 그리고 책에 나온 문장 중 부모와 아이가 각 2개씩 총 6개의 문장을 골라서 종이에 옮겨 적습니다. 아이와 엄마는 방에 들어가 있고, 아빠가 6개의 문장을 쓴 종이를 거실에 숨깁니다. 모두 숨기면 아이와 엄마는 함께 나와서 6개의 쪽지를 모두 찾습니다. 그리고 찾은 종이를 모두 모아 이야기의 순서대로 배열하고, 이야기 흐름에 맞는지 이야기를 나눠 보세요. 마지막으로 책을 펼쳐 순서가 모두 맞는지 확인해 보면 활동이 끝납니다.

위 활동을 마친 뒤 응용 활동으로 뽑은 문장 6개로 나만의 이야기 만들기를 할 수도 있습니다. 뽑은 문장의 순서를 임의대로 구성한 뒤 문장을 2개씩 뽑으세요. 아빠부터 첫 문장을 활용하여 짧은 이야기를 만들어 주세요. 두 번째 엄마는 그 이야기의 뒷부분을 뽑은 문장으로 이어가야 합니다. 세 번째로 아이도 같은 방법으로 이야기를 이어갑니다. 위 과정을 반복하여 6개의 문장을 모두 사용하면 짧은 새로운 이야기가 만들어집니다. 이 활동은 아이가 이야기의 흐름을 파악하고, 책 내용을 기억하며 주의 깊게 읽는 데 도움을 줍니다.

4일차
책을 읽고 함께 이야기를 나눠요

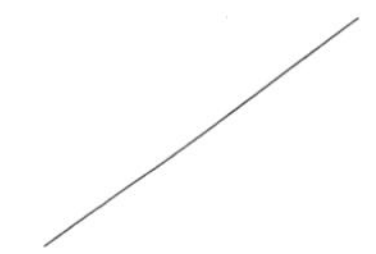

1단계 그림책으로 상상의 나래 펼치기

아이들은 책을 읽는 것도 좋아하지만 책을 읽고 이야기하는 것을 더욱 좋아합니다. 교실에서 책 한 권을 읽어 주면 아이들은 저마다 이야기를 시작합니다. “저는 주인공보다 더 커질 수 있어요.”, “저도 주인공처럼 하고 싶어요.”, “저도 해본 거예요.” 등 책을 읽고 저마다 다른 생각을 합니다. 이와 같은 상상력을 펼칠 수 있는 책을 가지고 함께 할 수 있는 활동을 알아볼까요.

『당나귀 실베스터와 요술 조약돌』로 이야기 나누기

실베스터라는 당나귀가 요술 조약돌을 길에서 주우며 이야기가 시작됩니다. 실베스터는 너무 신이 나 가족들에게 자랑하고 싶었습니다. 집으로 향하며 딸기 언덕을 지나던 중 굶주린 사자와 마주칩니다. 너무 무서워 요술 조약돌에게 "바위로 변하게 해줘."라고 이야기를 합니다. 바위로 변해 손이 없어진 실베스터는 요술 조약돌을 더 이상 만질 수 없게 됩니다. 뒷부분은 아이와 함께 읽어 보세요. 결과는 가족의 사랑으로 결국 실베스터는 당나귀로 돌아오게 되고 더는 조약돌을 쓰지 않아도 되는 것으로 끝이 납니다.

책을 읽고 난 후, 아이와 함께 "내가 요술 조약돌을 갖게 된다면?"으로 대화를 나누어 보세요. 부모님의 상상, 아이의 상상이 모두 합쳐지면 재미난 새로운 세계가 펼쳐집니다. 그리고 상상한 세계를 그림이나 몸동작으로 표현하며 활동해 보세요.

『세상에서 가장 큰 여자 아이 안젤리카』로 이야기 나누기

안젤리카가 태어났을 때 이미 엄마보다 크다는 이야기로 시작합니다. 이름조차 안젤리카 롱라이더입니다. 작가는 이처럼 허무맹랑하고 귀여운 거짓말로 이야기를 풀어냅니다. 그리고 안젤리카가 테네시주 최고의 사냥꾼이 되는 과정을 재미있게 표현합니다.

책의 첫 페이지를 읽은 후 아이와 함께 "내가 만약 세상에서 가장 크다면?"으로 대화를 나누어 보세요. 그리고 "안젤리카는 무엇을 했을 것 같니?"로 대화를 이어나가며 책의 뒷부분을 상상해 보세요. 책을 끝까지 함께 읽은 뒤 가장 재미있었던 부분을 이야기하며 활동을 마무리합니다.

2단계 가족 독서 게시판 만들기

STEP 1. 가족 게시판 활용하기

보통 가정에서는 아이들의 가정통신문을 식탁 위에 올려두거나 부모가 왔을 때 아이가 직접 가져다줍니다. 그리고 부모님은 퇴근 후 확인하고 아이가 준비물을 챙길 수 있도록 도와줍니다. 하지만 아이가 깜빡하고 올려놓지 않거나 가방에 넣고 기억하지 못할 때도 종종 있습니다. 이럴 때 아이는 크게 꾸지람을 듣는데요. 이때 가족 알림판을 하나 만들어 놓으면 이런 문제를 해결할 수 있어요.

가족 알림판은 아이와 소통을 놓지 않는 하나의 계기가 될 수 있습니다. 초등학교 저학년 시기에는 스스로 챙기는 힘이 다소 부족하고 부모에게 의존하는 경향이 많습니다. 이때 아이 스스로 챙겨야 할 준비물이나 숙제를 쓰게 해보세요. 그리고 부모님과 함께 확인한 후 스스로 할 수 있는 것과 함께 해결할 것을 나누어 보세요. 가족 게시판은 아이가 지나가면서 계속 보고 되새길 수 있다는 점에서 숙제나 준비물을 안 챙겨 학교 가서 혼나는 일을 예방하고 부모에게 꾸지람을 듣는 빈도수도 줄일 수 있습니다. 동시에 가정과 학교에서 자연스럽게 칭찬받을 일이 많이 생깁니다.

STEP 2. 가족 독서 게시판 활용하기

위의 가족 게시판을 독서와 관련 짓는다면 어떨까요? 가족 독서 게시판에 각자 읽은 책 중 기억에 남는 책 이름 쓰기, 기억에 남는 문구 쓰기, 그림 그리기를 해보세요. 그리고 독서 게시판에 기억에 남는 문장이나 그림을 그린 내용을 붙여 보세요. 일주일에 한두 번씩 자연스럽게 활동할 수 있도록 해주세요.

부모가 먼저 아이에게 읽어 준 동화책 제목과 기억에 남는 내용을 써보세요. 아이는 그 쪽지를 보며 자신도 쓰고 싶은 욕구가 생깁니다. 그리고 아이도 내용을 써서 게시판에 붙이고, 다시 부모가 쓰는 과정을 반복하면 어느샌가 게시판이 꽉 차 있을 것입니다. 그 후 가족들이 함께 모여 가족 게시판의 내용을 하나씩 짚어 보며 다양한 활동을 해보세요.

3.4학년은 위인전에 큰 흥미를 보이는 시기이므로, 위인전에 나오는 명언을 쓰는 것도 도움이 됩니다. 아이들은 위인들을 보며 영향을 받고, 닮고 싶어 하는 경향을 보입니다. 아이 수준에 맞는 다양한 위인전을 읽어 보는 것이 좋습니다. 게시판 활동은 아이에게 게시판을 통해 자연스럽게 여러 장르의 책을 권해 볼 수 있는 장점도 있습니다. 가족 독서 메모판은 거실 책장 근처 눈에 잘 띄는 곳에 두어 매일 가족이 함께 볼 수 있게 해주세요.

3단계 가족 독서 신문 만들기

가족 신문은 많이 들었지만, 가족 독서 신문에 대해서는 생소할지 모르겠습니다. 가족 신문은 간단하게 가족의 소식을 전하는 신문입니다. 가족에게 있었던 일, 하는 일, 특별한 일 등 가족과 관련된 내용으로 꾸며집니다. 이 큰 틀에 맞추어 아이와 함께 가족 독서 신문 만들기를 해보세요.

STEP 1. 신문 제목 정하기

제목은 가족의 특성이 드러나도록 정합니다. '책으로 자라나는 우리 가족', '무럭무럭 자라나는 OO이네 독서 가족' 등 독서와 관련된 내용을 포함하면 좋습니다. 제목이 잘 떠오르지 않으면 집에 있는 책 중 아이가 즐겁게 읽은 책 제목을 변형하는 방법도 있습니다. 예를 들어 『우리 옆집에 사는 마귀할멈』이라는 책을 아이가 최근에 읽었다면 '우리 집에 사는 독서 가족' 등으로 변형하면 됩니다.

STEP 2. 구성 짜기

제목을 정한 뒤에는 각 페이지에 어떤 내용으로 구성할지 큰 틀을 짜보세요. 아이와 함께 하는 활동에 지나치게 많은 면이 들어가면 완성을 하는 데 힘이 들 수도 있습니다. 본 활동을 하는 목표 중 하나는 작은 성취를 통해 아이의 자존감을 길러 주는 것입니다. 8절지를 이용하여 간단히 시작해 주세요. 8절지를 4등분해서 총 4가지 챕터로 표현해 보세요. 많은 시간을 들이지 않고 완성할 수 있습니다. 보통 4가지 챕터 중 첫 번째는 제목과 가족 구성원, 구성원의 특징 등을 쓰고, 나머지 챕터는 가족들이 각자 독서와 관련된 내용이나 하고 싶은 말을 쓸 수 있게 구성하면 좋습니다.

STEP 3. 내용 쓰기

내용은 아이와 함께 써보세요. 이제 총 3면을 독서와 관련된 내용으로 씁니다. 제가 추천하는 방법은 각각의 면을 부모님과 아이가 하나씩 맡아서 완성하는 것입니다. 내용은 자신이 읽은 책을 소개하거나 추천하고 싶은 도서, 혹은 책을 읽고 여행하고 싶은 곳, 읽고 싶은 책 등의 내용을 자유롭게 쓰세요. 글을 쓰는 것이 어렵다면 그림을 그리거나 동시로 표현할 수도 있습니다.

STEP 4. 완성하기

위의 3단계를 통해 완성된 가족 신문을 가족들이 다 함께 읽어 보세요. 신문에 소개한 여러 책들을 다시 읽어 보세요. 적힌 책을 통한 가족 여행 계획하기, 가족 독서 계획, 독서 신문을 읽고 가족 약속 정하기 등 다양한 활동으로 이어나갈 수 있습니다. 가족 독서 신문의 중요한 점은 가족 모두가 함께해야 하고 가족들 간 다양한 대화가 이어진다는 것입니다. 이는 아이의 정서적 안정과 자신의 의견을 적극적으로 이야기하는 데도 긍정적입니다. 또한 자기 나름대로 계속 할당된 면을 채워 나가다 보면 자연스럽게 글쓰기나 그림으로 표현하는 능력이 향상됩니다. 부모님이 쓴 글을 이해하는 능력도 자라날 수 있습니다.

5일차
눈으로 먼저 읽고 소리 내어 읽게 해요

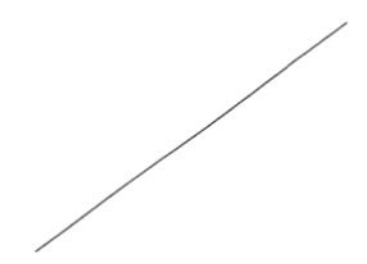

1단계 마음으로 읽기

마음으로 읽기라니? 조금 이상하게 생각할 수도 있습니다. 우리는 책을 읽을 때 눈으로 글자를 보고 머리로 이해하며 책을 읽습니다. 그렇다면 마음으로 읽는다는 것은 무슨 뜻일까요? 저도 책을 읽을 때는 눈으로 글자를 읽고 뇌로 이해하며, 마음에 되새기고 싶은 부분은 입으로 여러 번 되뇌고, 다시 보고 싶은 구절은 글로 써서 기록으로 남깁니다.

아이들은 어떨까요? 아이들은 아직 이 같은 과정이 익숙지 않습니다. 책을 눈으로 읽고 머리로 이해하는 과정을 지나치거나 책을 눈으로 읽고 글자를 이해하는 데 그칠 수 있습니다. 심하면 글자를 지렁이 보듯이 할 수도 있습니다.

책을 마음으로 읽기 위해서는 책에 대한 마음가짐이 중요합니다. 사람들은 누구나 책을 읽고 나서 깨달음을 얻곤 합니다. 우리가 책을 통해 한 가지 깨달음을 얻는다면 아이들은 동화책을 보고 재미있고, 기억에 남는 장면을 10가지 넘게 얻을 수도 있습니다. 이때 글자를 슬쩍 보고 넘어가거나 그림만 보고 넘어간다면 아이들에게 새로운 깨달음은 머리를 스쳐 지나갈 수 있습니다. 따라서 눈으로 읽고 머릿속으로 한 번 더 글을 읽으며 마음에 되새기는 방법을 통해 아이의 독서 몰입도와 집중력을 길러야 합니다.

예를 들어, "정글의 왕 사자는 원숭이에게 바나나를 가지고 오라고 했습니다."라는 문장을 눈으로 본 뒤, 머릿속으로 정. 글. 의. 왕…을 머릿속으로 다시 한 번 또박또박 읽는 활동을 하는 것입니다. 이 과정은 어떤 의미가 있을까요? 단순히 글을 한 번 읽고 넘어가는 것은 생각할 여유를 주지 못합니다. 특히 아이들은 빠른 속도로 책을 읽습니다.

저학년 아이 스스로 내용을 되짚어 보고 스스로 탐구할 시간을 갖기는 쉽지 않습니다. 따라서 머릿속으로 한 글자씩 읽어 보는 활동으로 자연스럽게 내용을 되새겨 보는 기회를 제공해 책에 대한 깊은 이해와 생각할 기회를 줍니다. 아이와 책을 함께 읽은 뒤 한 글자씩 마음속으로 다시 읽는 시간을 꼭 가져 보세요.

2단계 소리 내어 읽기

다음 단계는 아이들이 책을 눈으로 보며 동시에 입으로 읽는 단계입니다. 지금까지 아이에게 책을 읽어 주는 것, 경청, 책 읽기의 중요성에 대해 많이 이야기했습니다. 이번 단계는 앞에서도 한번 언급했지만 아이 스스로 입으로 소리 내어 책을 읽는 기회를 주는 것입니다. 입으로 소리 내어 읽는 것은 내용을 이해하는 데 도움이 됩니다. 그렇다면 왜 입으로 읽기 연습을 해야 할까요?

첫째, 학교 수업시간에 아이들의 자신감을 키워 줍니다. 교과서에는 많은 동화와 그림책, 글 들이 수록되어 있습니다. 학교에서는 아이들 앞에서 책을 읽어 주거나 수업시간에 쓴 내용을 발표하기 등 친구들 앞에서 글을 읽어야 할 일이 많습니다. 이때 평소에 책을 자주 소리 내어 읽은 아이들은 자신감을 가지고 활동에 참여할 수 있습니다.

실제로 저학년 교실에서 책 읽기에 자신이 없는 아이들은 국어 시간에 소극적인 모습을 보일 때가 많습니다. 저학년 시기는 학교라는 새로운 장소에 적응하는 시기입니다. 초기에 수업에 적극성을 잃는다면 초등시절 6년 동안 자존감이 낮은 아이로 생활할 수도 있습니다. 평소 아이가 부모에게 책을 읽어 주는 활동을 꾸준히 하여 아이가 책 읽기에 자신감을 가질 수 있게 해주세요.

둘째, 책을 꼼꼼하게 읽을 수 있습니다. 한 권의 책을 5분도 채 되지 않아 다 읽는 아이들이 있습니다. 아이가 글을 빨리 읽는 것이 이해력이 좋아서일 수도 있지만 대부분 깊은 생각을 하지 않고 그림과 글을 대충 보고 넘기기 때문입니다. 눈으로 읽는 것보다 소리 내어 읽는 것은 더 많은 시간이 필요합니다. 입으로 읽기 연습을 한다면 정확한 소리와 뜻에 대해 한 번 더 생각해 볼 수 있습니다.

3단계 쓰면서 읽기

나폴레옹도 책을 많이 읽은 위인 중 한 명입니다. 나폴레옹은 수많은 책을 꼼꼼히 정독하면서 반드시 내용을 요약해서 기록으로 남겼다고 합니다. 또한 필요할 때마다 메모를 꺼내 보며 내용을 되새겼다고 합니다. 왜 책을 읽고 항상 기록으로 남겼을까요? 바로 책을 통해 자신이 느낀 점을 되새기기 위함입니다. 정리한 내용을 보면 자연스럽게 책 내용이 연상되고, 책을 다시 한 번 읽는 효과가 나타납니다. 우리 아이가 글쓰기를 어느 정도 할 수 있다면 쓰면서 읽기 방법도 적용해 보세요. 구체적인 방법으로는 '형광펜으로 색칠하기'와 '책갈피 활동'이 있습니다.

아이가 책을 읽으며 재미있는 부분이나 기억에 남는 부분을 형광펜으로 색칠하면서 읽어 보게 해주세요. 단, 책을 처음 읽을 때는 부모와 다른 다양한 활동을 한 뒤 스스로 읽을 때 형광펜으로 칠하거나 책갈피에 기억에 남는 내용을 쓰게 해주세요. 그리고 그 내용을 부모님에게 멋지게 설명해 보는 시간으로 마무리합니다.

이 활동은 나중에 학습 면에서도 큰 도움이 됩니다. 담임선생님의 교육관에 따라 다르긴 하지만 학교에서는 보통 초등학교 3.4학년쯤 노트 정리하는 법을 가르칩니다. 평소에 책을 읽으며 내용을 써본 아이와 그렇지 않은 아이의 차이가 이때 크게 납니다. 평소에 글을 써본 아이는 학교에서 사용하는 '배움노트(그날 배운 내용에 대해 과목별로 짧게 핵심을 요약하는 노트)'에 그날 배운 내용의 주제를 간략하게 요약할 수 있습니다. 노트 정리를 잘하는 아이가 나중에 공부를 잘할 가능성이 큽니다. 고학년이 되면 사회, 영어, 수학 오답 노트 등 다양한 노트를 쓰게 되는데 평소 글쓰기 훈련이 많이 되어 있다면 부담 없이 노트 정리를 할 수 있습니다.

ELEMENTARY READING

6일차
질문하고 대화하며 이해를 높여요

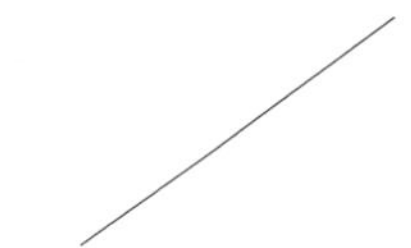

1단계 책으로 대화하는 법

초등학교 1학년 아이들의 집중시간은 10분이 채 되지 않습니다. 따라서 아이들의 질문에 대답할 때는 최대한 간결하고 짧게 대답하고, 아이가 스스로 생각할 수 있도록 대답의 일부만 하는 것도 호기심을 기르는 데 많은 도움이 됩니다. 자녀가 “사람은 왜 죽어?”라는 질문을 했을 때, 삶과 죽음에 대한 철학적 접근에 대한 대답보다는 “모든 살아 있는 것들은 나이가 들면 죽어.”라는 짧은 대답으로 아이와 계속 대화를 유도하는 것이 효과적입니다.

어른들이 봤을 때 의미 없는 행동이라도 아이들이 집중하는 모습을 보인다면 그대로 두는 것이 아이의 성장을 위해서 바람직합니다. 우리 눈에는 하찮아 보여도 아이 입장에서는 해결해야 할 중요한 과제일 수 있습니다. 규범에 어긋나지 않는다면 지켜보며 질문에 반응해 주세요. 모든 배움에는 궁금증이 있습니다. 이와 같은 궁금증이 없었다면 인류는 지금처럼 편리한 생활을 할 수 없었을 것입니다. "컴퓨터는 왜 책상에 있지?", "청소기에는 왜 꼭 선이 있어야지?"와 같은 질문이 우리 문명을 발전시킨 원동력입니다.

아이들은 어렸을 때 엄청난 양의 질문을 합니다. 아이들에게는 세상 모든 것이 처음 보는 것이고 신기하여 만져 보고 냄새도 맡고 입에도 넣어 보고 합니다. 이때부터 아이들과 부모는 지속적인 대화를 나누는 것을 게을리하지 말아야 합니다. 초등학교에서 토의, 토론에 능숙한 아이들은 부모와의 관계가 원만하고 대화를 많이 하는 가정에서 자란 아이들이 대부분입니다.

구체적으로 대답하기 힘들다고 "물어보지 마.", "엄마 피곤해.", "아빠한테 가서 물어봐." 같은 대답은 자녀에게 실망감을 주며, 자신이 질문한 것에 대해 죄책감을 가질 수 있습니다. 대답하기 힘들 때는 "글쎄, 왜 그럴지 우리 딸이 생각해 보고 알려 줄래?" 혹은 "아빠가 지금 바쁜데 5분만 기다려 줄 수 있어?"처럼 아이의 기분도 헤아리고, 학습 동기도 유지하는 대화가 필요합니다.

많은 부모가 1학년 담임교사에게 언제까지 책을 읽어 줘야 하는지를 묻습니다. 사실, 학급에서도 아이들에게 책을 두세 권씩 읽어 주는 것이 쉬운 일은 아닙니다. 가정에서는 더욱 힘든 일이라 생각됩니다. 하지만 책 읽어 주기는 아이들이 그만 읽어 주기를 원할 때까지라고 말하고 싶습니다.

1학년 아이 중 글 읽는 속도가 빠른 아이들은 스스로 책을 읽을 수 있습니다. 하지만 왜 부모님께 책을 읽어 달라고 이야기하고, 책을 함께 보고 싶어 할까요? 그것은 부모님과 함께 시간을 가지고 싶고, 함께 상상하고, 대화하고 싶기 때문입니다. 아이들은 책 내용을 들으면서 상상하고, 머릿속에서 자신만의 이야기로 새롭게 가공합니다.

반대로 1학년 아이 중 소극적이거나 부모와의 유대감이 적은, 혹은 부모를 무서워하는 아이들은 부모에게 책을 읽어 달라고 말하지 않습니다. 어릴 때 쌓은 유대감은 아이들이 성인이 되어서도 평생 갑니다. 부모와 관계가 좋지 않다면 부모가 나이가 들어 노인이 되어도, 그 관계는 개선되지 않습니다. 아이와 함께 책을 읽을 때 다음 질문들을 통해 관계를 돈독히 하며 독서효과도 만들어보세요.

STEP 1. 책 표지로 질문하기

- 책 표지에 어떤 색깔들이 보여?
- 책 표지에 어떤 인물(동물)이 보이니?
- 인물(동물)의 특징은 어떤 것 같아?
- 인물(동물)이 무엇을 하는 것 같아?
- 왜 그렇게 그렸을까?

- 이 그림으로 생각해 볼 때, 책 내용이 어떤 내용일 것 같아?

STEP 2. 앞뒤 맥락을 해석하는 질문

- 이 그림에서 나오는 인물(동물)은 어떤 감정이었을까?
- 인물(동물)은 무슨 어려움을 겪고 있니?
- 인물(동물)의 행동이나 말을 보면 어떤 성격인 것 같니?
- 인물(동물)은 왜 그런 행동을 했을까?
- 인물(동물)은 나중에 어떻게 될 것 같아?

STEP 3. 책과 아이의 삶을 연결 짓기

- 혹시 비슷한 경험이 있었어?
- 만약 너라면 어떻게 했을 것 같아?
- 책 속으로 들어가면 어떤 역할을 하고 싶어?
- 책에서 무엇을 배웠니?
- 주인공이 왜 그런 말과 행동을 했을까?

STEP 4. 심성 기르기

- 인물(동물)에게 해주고 싶은 말 있어?
- 마음에 안 드는 인물(동물)은 누구야? 해주고 싶은 말 있어?
- 가장 마음에 드는 인물(동물)은 누구야? 그 이유는?
- 이야기 속의 인물(동물)이 되면 꼭 하고 싶은 게 있어?

• 책을 읽고 느낀 점은 무엇이니?

2단계 책으로 대화 나눌 때 주의할 점

①아이의 생각이나 느낌을 평가하지 않기

책을 읽고 나온 아이의 생각이나 느낌이 잘못되었다고 평가하는 것은 아이의 상상력과 책에 대한 흥미를 떨어뜨립니다. "그런 생각은 안 돼."라는 대답보다는 "왜 그렇게 생각했어?", "만약 다른 상황이라면 어떻게 할까?"와 같은 질문으로 아이의 생각을 자연스럽게 올바른 방향으로 유도합니다.

만약 『책 먹는 여우』를 읽고, 아이가 "나도 도서관에서 책을 훔칠래요."라는 이야기를 한다면 어떻게 대답을 하면 좋을까요? "안 돼!"라고 말하기보다는 "그럼 만약 아빠가 편의점에서 물건을 훔치면 어떻게 될까?"라고 물어봐 주세요.

질문을 주고받다 보면 아이의 심리를 파악할 수 있습니다. 아이가 두려움이 많은지 혹은 지나치게 공격적인 성향인지 알 수 있습니다. 이를 통해 아이의 심리에 대한 이해와 가족 간의 대화와 연결한다면 화목한 가정 분위기를 만들 수 있습니다.

②억지로 대답 강요하지 않기

아이들은 성향(기질)에 따라 자기 생각을 쉽게 표현하지 못하기도 합니다. 억지로 대답을 강요하면 오히려 좋지 않은 결과로 나타납니다. 책을 읽고 나누는 대화는 자연스럽게 흘러가야 합니다. 때론 대답이 없을 수도 있고, 깊은 고민이 필요할 때도 있습니다. 하루 10분이라도 아이의 대답을 기다려 주며 여유를 가지세요.

③"좋다, 나쁘다"처럼 평가하는 대답 줄이기

"좋다, 나쁘다"라는 평가와 관련된 형용사는 되도록 줄이는 게 좋습니다. 평가하는 대답을 일상에서 혹은 독서 대화에서 많이 사용하다 보면 아이들은 자기도 모르게 다른 사람을 평가하는 말을 자주 사용하게 됩니다. 아이와 독서로 대화를 나눌 때, 책에 나오는 인물이나 동물에 관한 평가를 하는 경우가 종종 있습니다. 아이들은 "착하다", "나쁘다", "용감하다" 등으로 표현합니다. 이때 "좋다", "나쁘다"보다는 "왜 그럴까?", "왜 그런 행동을 했을까?"와 같은 열린 질문으로 대화를 나눈다면 아이가 세상을 "좋다", "나쁘다"로 판단하는 것이 아니라 깊게 생각하고 행동할 수 있는 아이로 성장합니다.

ELEMENTARY  READING

7일차
체험을 통해 온몸으로 읽어요

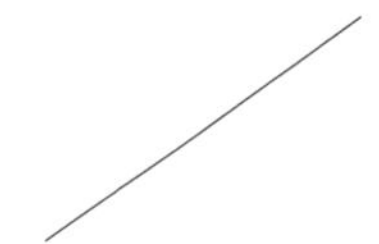

1단계 다양한 장소에서 책 읽기 경험

다양한 장소에서 책 읽기 경험을 해본 적 있나요? 스마트폰이 일상화하기 전에는 지하철이나 버스에서 책 읽는 사람을 흔히 볼 수 있었습니다. 굉장히 자연스럽고 익숙한 풍경이었습니다. 하지만 10여 년이 지난 지금은 지하철이든 버스 안이든 모두 스마트폰에서 눈을 떼지 않습니다. 책은 꼭 책상에 앉아서 읽어야 할까요?

고대 로마 시대의 상류계급은 침대를 식사와 독서를 위한 공간으로 사용했다고 합니다. 독서를 정해진 시간대로 읽고 마치면 좋지만 일반적으로 성인에게 독서는 자신의 할 일을 모두 마친 뒤 자투리 시간에 하는 활동입니다. 아이들도 하루에 독서를 한 시간 이상씩 하기는 힘듭니다. 숙제도 하고 친구와 놀기도 해야 하고 스마트폰도 해야 하니까요. 그렇다면 자투리 독서를 해보는 건 어떨까요?

학교에서 책 읽기 활동을 하다 보면 저마다 책 읽는 공간이 다르다는 것을 알 수 있습니다. 바닥에 엎드려서 읽는 아이, 서서 읽는 아이, 바른 자세로 읽는 아이 등 다양합니다. 아이가 집 안 어느 장소에서든 눈이 나빠질 정도로 가까이서 보지만 않는다면 허용해 주세요. 조용한 환경에서 책 읽는 것을 좋아하는 아이가 있는가 하면 백색소음(적당히 시끄러운 소리) 속에서 집중력을 더욱 발휘하는 아이도 있습니다.

집을 벗어난 여러 장소에서도 책과 함께한다면 아이에게 독서에 대한 긍정적인 인식을 심어 줄 수 있습니다. 공원에 놀러 가서 자신이 좋아하는 책을 한 권 가지고 가서 즐겁게 놀고, 책도 아이와 함께 읽어 보세요. 아이의 기억 속에 독서는 즐거운 활동이라는 기억으로 남을 수 있습니다. 아이와 함께 할머니 댁, 놀이공원, 친구 집 어디든 갈 때 책 한 권을 챙겨 주세요. 아이가 책과 가까이하고 어느 장소에 가든 책과 함께할 수 있다는 사실은 우리 아이를 독서는 지루하지 않고 재미있고 어디서도 할 수 있다는 생각을 심어 줄 수 있답니다.

2단계 직접 작가 되기

다음으로 직접 작가가 되는 활동입니다. 상상해 보세요. 첫 번째는 동화책을 그대로 옮겨 쓰기입니다. 아이가 가장 좋아하는 책을 한 권 고릅니다. 아이가 가장 좋아하는 책을 골라 그 내용을 그대로 써보거나 그려 보게 합니다. "책 내용을 그대로 옮겨 쓸 때야 그 문장은 비로소 자신의 문장이 되기 때문"입니다. 실제로 작가 지망생들은 작품을 그대로 옮겨 쓰는 '필사'를 대부분 합니다. 글을 눈으로 보는 것은 머릿속에 다양한 상상력을 만들어 내는 데 그치지만 옮겨 쓰는 것은 그 상상력이 나에게 다가와 내 것이 되는 과정입니다. 글쓰기 능력의 기초가 되는 활동이 바로 동화책 옮겨 쓰기입니다. 처음부터 지나치게 무리한 요구는 아이가 부담을 가질 수 있습니다. 처음에는 가장 마음에 드는 한 문장부터 시작하여 한 페이지, 두 페이지로 차츰 늘려 가세요.

두 번째는 뒷이야기 상상해서 만들기입니다. 두 번째 활동은 시리즈로 나온 책으로 활동을 진행하면 효과적입니다. 저는 1학년 교실에서 『책 먹는 여우』로 활동을 진행한 적이 있습니다. 뒷이야기를 상상해서 만들 때는 되도록 2편이 있는 책으로 하는 걸 추천합니다. 아이가 뒷이야기를 지을 때 동화책처럼 길게 만들어 내기 어렵습니다. 따라서 작은 종이에 그림과 상상한 내용을 만들어 본 후 2편 내용을 같이 읽어 보면 아이가 더욱 흥미롭게 책 읽기에 참여합니다.

마지막으로, 주인공을 바꾸어 책 내용을 만들어 보는 활동입니다. 아이들에게 주인공을 바꿔 보자고 이야기하면 처음에 어떤 방식으로 접근해야 할지 어려워합니다. 처음에는 아이를 주인공으로 바꾸어 보세요. 아이가 처음 내용은 기존 동화책과 크게 다르지 않게 쓸 것입니다. 그다음에는 아는 동물로, 그다음에는 주변의 사물로 바꾸어 써보세요. 이처럼 주인공을 바꾸어 보는 활동은 아이의 생각 틀을 넓혀 주어 세상을 보는 시각을 확장합니다.

요즘 시대는 글쓰기가 자신의 능력이며 스펙이 되는 시대입니다. 초등학교 상시평가와 수행평가는 객관식 문제가 없어지고 모두 서술형으로 평가합니다. 이와 같은 서술형 평가는 중학교, 고등학교로 이어지고, 대학 입시에서는 논술 시험을 봅니다. 그리고 대학교 4학년이 되면 취업을 위해 자기소개서를 쓰고, 직장에서는 신제품 기획안이나 회의자료 등 모두 글쓰기 능력이 필요한 일의 연속입니다. 위 3가지 활동을 통해 아이의 글쓰기 능력을 길러 주세요.

3단계 독서 체험학습

책을 읽고 체험학습을 떠나 본 적 있나요? 집에서만 읽던 책을 실제로 체험하는 기회가 있다면 어떨까요? 책에서 느낀 생각과 감정을 더욱 발전시킬 수 있을 겁니다. 결국 독서에 관한 관심과 흥미를 일으켜 책을 사랑하는 아이로 만들 수 있습니다.기회가 된다면 우리나라 지도를 펼쳐놓고 독서 체험활동 간 곳의 그림을 그려 보며 아이만의 독서지도 만들기를 해보면 어떨까요?

만약 『엄청나게 큰 공룡백과』라는 책을 읽었다면 아이와 함께 공룡을 찾아 모험을 떠나 보세요. 우리나라에는 공룡과 관련된 박물관이 전국에 많이 있습니다. 서대문 자연사박물관, 국립과천과학관, 고성공룡박물관, 미호박물관 등 지역마다 대부분 공룡박물관이 있고, 남양주 덕소에는 덕소 자연사박물관이 있습니다.

『동물 특공대』, 『숲속 피아노』, 『동물원? 도서관?』 책을 읽고서 아이와 함께 동물원으로 체험학습을 가보세요. 여행 가기 전에 그 지역을 공부하는 것과 무작정 가는 것의 차이는 큽니다. 아는 만큼 보인다고 했지요. 직접 책에서 읽은 내용을 아이가 눈으로 직접 본다면 독서에 대한 흥미와 체험학습의 효과라는 두 마리 토끼를 잡을 수 있습니다.

만약 환경과 관련된 책으로 접근한다면 『갯벌아 미안해』를 읽고 서해로 여행을 떠나 보거나 『오늘도 축구하기 힘든 날』을 읽고 미세먼지에 관해 이야기해 보거나 다양한 대화를 주고받을 수도 있습니다.

특별한 주제 없이 아이와 독서를 통해 여행을 떠나고 싶다면 『동네 한 바퀴』, 『꿀벌 마야의 모험』, 『하늘을 나는 거미』, 『넌 누구니?』 책을 읽고 아이와 함께 독서 체험학습 계획을 세워보세요. 가족이 함께 여행을 떠나는 곳을 아이와 함께 정해 보는 과정은 아이에게 의사소통 능력과 책임감, 배려심을 기를 수 있습니다. 아이에게 좋은 경험으로 남을 수 있답니다.

TV나 다양한 매스컴을 통해 암 환자가 자연으로 떠나 자연과 함께하며 병을 고쳤다는 말을 종종 들어본 적 있을 겁니다. 자연은 스스로 회복과 더불어 우리의 마음도 치유하는 효과가 있습니다. 큰 나무 아래, 그늘진 공원 벤치, 시원한 냇가에서 부모와 함께 읽는 책 한 권은 아이에게 독서에 대한 행복한 기억을 남겨 줄 수 있습니다.

고전을 통해 어휘력이 증대되고, 문맥을 통해서 유추하는 능력,
논리적 사고력, 집중력 등 독서로 키울 수 있는 모든 능력이
일반 도서에 비해 몇 배는 키울 수 있습니다.
특히 고전을 많이 읽은 친구들은 논리적 사고력이 놀랍게 키워집니다.

5장

아이와 함께하는 독후 활동 실전편

ELEMENTARY 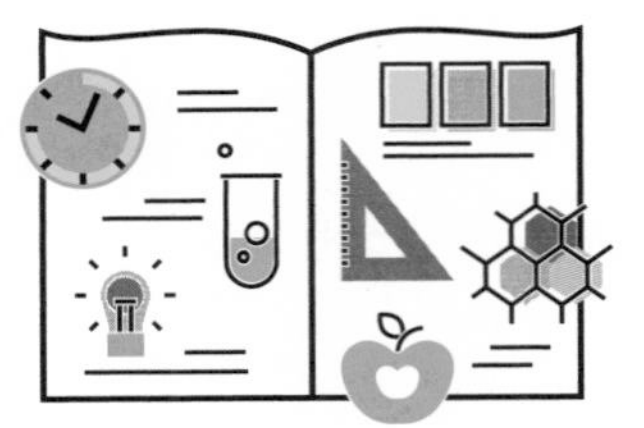 READING

추천 도서별
엄마 아빠와 함께하는 활동

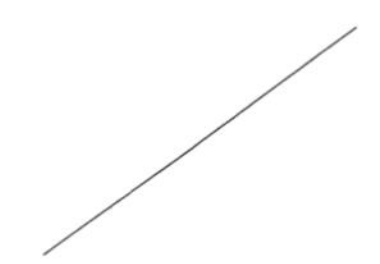

"별이 엄마, 이 책 읽어 봤어? 글쎄 이 책 읽고 옆집 똘이가 말문이 트였대."

"그래? 나는 우리 아들은 전집 사서 읽혔더니 우리 애가 책만 읽어서 말이야~."

"이 책도 한번 읽어 봐. 아이들한테 읽히면 좋다더라고."

"그래? 오늘 집에 가서 별이랑 읽어봐야겠는걸."

초등학교 1학년 부모들의 대화입니다. 누구나 독서의 중요성에 대해서는 알고 있고, 읽으면 도움이 된다는 사실을 압니다. 하지만 시중에 있는 수많은 책을 무작정 다 읽을 수는 없습니다. 수많은 정보와 광고가 범람하는 시기에 책을 어떤 방식으로 읽으면 좋을지 고민하는 부모들이 많습니다.

부모와 아이가 함께 읽으면 좋은 책을 엄선해서 부모와 함께할 수 있는 활동을 소개합니다.

아이와 함께하는 활동이 왜 좋을까요? 어떤 활동에 참여할 때 수업을 듣는 것은 5%, 읽는 것은 10%가 기억에 남는다고 합니다. 다음의 피라미드를 보면 듣고 보기, 시연하기, 집단 토의, 연습, 가르치기 순으로 기억률이 점점 높아집니다. 특히 배운 내용을 친구나 부모 등 주변 사람에게 가르치는 것은 90%나 기억에 남습니다. 아이와 함께 독서 활동을 하는 이유도 이와 같습니다. 함께 활동하며 궁극적으로 아이가 책의 내용을 부모에게 설명하는 것이 바로 가장 높은 수준으로 기억하는 방법이기 때문입니다.

평균 기억률

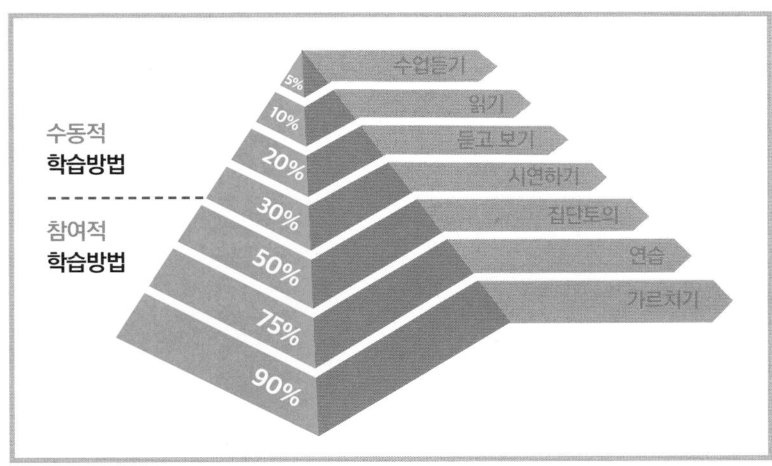

출처 : National Training Laboratiories, Bethel, Maine

아이가 독서에 흥미를 느끼면 아이는 스스로 책을 찾아 읽습니다. 부모와 대화를 통해 독서를 유의미하게 만들고 흥미를 느끼도록 돕는 활동에 대해 알아볼까요.

자아존중감 기르기

『강아지똥』(권정생 지음, 길벗어린이)

아이들도 어른과 마찬가지로 혼자인 듯한 외로움이나 자신이 쓸모없는 존재라는 생각으로 마음이 힘들고 우울할 때가 있습니다. 아무짝에도 쓸모없는 존재로 여겨지는 강아지똥이 과연 어떤 역할을 할지, 쓸모가 있을지 없을지 생각해 보는 시간을 가져 보세요. 강아지똥은 어렵고 힘든 시간을 보냅니다. 자존감이 떨어지지만, 결국 아름다운 민들레꽃을 피워 내는 거름이 되고자 온몸을 다 바칩니다. 이 작은 세상에 태어난 모든 존재는 소중하고 가치가 있다는 내용과 누군가를 사랑한다는 것이 얼마나 큰 힘이 있는지 알려 줍니다.

아이들은 강아지똥 이야기에 푹 빠져서 재미있게 책을 읽습니다. 흥미에서 출발하여, 아이 스스로 '넌 소중한 존재야.', '너의 친구들도 소중한 존재니깐 사랑해 줘야 해.', '주변 모든 것을 아름답게 바라보자.'와 같은 가치를 배우기에 더없이 좋은 기회입니다. 말로 설명하는 것보다 여러 활동을 통해 도덕교육을 할 수 있는 좋은 책입니다.

아이와 함께하는 활동

아이의 경험과 관련 짓기

모든 학습은 자신과 연관된 내용일 때 흥미가 높아집니다. 아이가 길에서 강아지 똥을 본 경험이나 다른 동물들의 똥을 본 경험과 관련 지어 대화를 시작해 보세요. 흥미롭게 대화에 빠져들 겁니다. 이때 자연스럽게 누군가 길에 있는 강아지 똥을 보면서 쓴 그림책이 있다는 사실을 알려 줍니다. 그리고 아이와 대화를 주고받으며 독서를 시작한다면 아이가 책에 몰입하기가 쉬워집니다.

'강아지똥'이라는 제목만 읽고 내용 상상하기

책 표지에 있는 그림만 보고 어떤 내용일지 아이와 함께 상상해 보는 활동입니다. 아이와의 상호작용 중 "왜 그렇게 생각해?"라는 질문은 꼭 해주세요. 상상한 것과 책 내용이 같다면, 아이의 생각하는 능력은 더욱 향상될 것이고, 다르다고 하면 "왜 다를까?"라고 질문하고 생각할 시간을 주면 아이의 창의성 계발에 도움이 됩니다.

그림을 직접 그려보거나 만들어 보기

아이와 함께할 수 있는 가장 쉽고 유익한 활동은 책에 나온 내용을 그리거나 만들어 보는 활동입니다. 책에 나오는 강아지똥, 민들레꽃, 참새 등을 직접 만들어 봅니다. 가장 간단한 활동이지만, 아이들은 좋아합니다. 아이가 책을 읽고 난 후 다양한 생각을 하나의 결과물로 만들어 내는 것은 아이의 두뇌 발달에 큰 도움이 됩니다. 그림으로 표현하는 표현능력과 책의 내용을 되돌아보는 기억력이 향상되고, 앞으로의 독서 활동에 집중력을 높여 줍니다.

그리거나 만든 것으로 이야기꽃 피우기

아무리 유명한 강연에 가도 열심히 필기하지 않는다면, 잘 기억에 남지 않습니다. 결국 찍은 사진 몇 장과 실습했던 결과물만 손에 들려 있습니다. 그리고 실습했던 내용만 기억에 남습니다. 아이도 직접 손으로 체험하면서 배우면 학습효과가 더 커집니다. 먼저 상상하고 직접 만들면 또 새로운 반응이 나옵니다. 그 반응을 계속 이어 나가다 보면 아이는 어느새 이야깃거리가 솔솔 넘쳐나는 꼬마 이야기꾼이 되어 있을 겁니다.

이러한 활동은 부모와 아이의 교감 향상과 정서적 안정감을 키우는 데 좋습니다. 특히 이때 나누는 대화를 통해 아이들은 자기 생각을 거리낌 없이 표현하고 자신감을 얻습니다. 학교 수업시간에 발표나 모둠활동 때 자신의 의견을 마음껏 표현하는 아이가 됩니다.

친구 관계로 고민할 때

『노란 우산』(류재수 지음, 보림)

형형색색 의자와 다양한 색상으로 꾸며진 실내 공간, 소규모 인원이 모여서 함께 놀이하는 유치원에서 초등학교로 진학하면 일단 칙칙한 의자와 어두운 칠판, 많은 아이들이 한곳에 모여서 생활하게 됩니다. 학교에 입학한 아이들 대부분은 잘 적응하는 것처럼 보이지만, 아이들 마음속은 불안이 자리하고 있습니다. 이 시기 부모들도 걱정이 가득합니다. 아이가 학교에 잘 적응할지, 친구들과 사이좋게 지낼지 등.

이 책은 글자 없이 그림으로만 구성된 책입니다. 첫 페이지에서는 노란 우산을 쓴 아이가 혼자 서 있습니다. 이 아이가 학교로 가며 점점 여러 색깔의 우산이 한데 모여 학교로 등교하며, 마지막에는 우산이 우산꽂이에 꽂힌 채 이야기가 끝납니다. 글이 없는 그림책입니다.

아이와 함께하는 활동

음악 CD 들으며 책 감상하기

이 책의 부록으로 들어 있는 음악 CD를 들으며 그림책에 관한 이야기를 나눕니다. 그림책에 글자가 없어서 부모님들이 아이와 활동하기에 어려울 수도 있습니다. 그렇다면 다음의 질문들을 아이와 함께 나눠 보면 어떨까요? 우선, 부록 CD를 들으며 아이와 그림책의 세계로 빠져든 뒤 다음의 질문을 해보세요. 6가지 질문을 던져 가며 아이와 따뜻한 대화의 시간을 가져 보세요. 평소 알지 못했던 아이의 학교생활이나 속마음을 알 수 있습니다.

- 우리 OO이가 노란 우산을 쓰고 학교에 가네. 왜 노란색 우산을 썼을까?
- 그러다가 다른 색깔 우산 친구를 만났네, 이 친구는 누구야?, 어떤 친구야?
- 왜 그 친구를 초록색 우산이라고 표현했어?
- 아이들은 우산꽂이에 우산을 꽂고 무얼 하고 있을까?
- 우리 OO이는 학교에 가면 제일 먼저 어떤 걸 할까?
- 오늘 기억에 남는 일이 있어?

상상력이 쑥쑥

『책 먹는 여우』(프란치스카 비어만 지음, 김경연 옮김, 주니어김영사)

책을 너무 좋아하는 여우는 후추와 소금을 뿌려서 책을 먹습니다. 그러던 중 책을 살 돈이 다 떨어져 맛있는 냄새가 가득한 도서관에 가서 책을 훔쳐서 먹게 됩니다. 결국 도서관 사서가 경찰에 신고하여 감옥에 가게 됩니다. 감옥에서 우연히 그동안 먹었던 책의 내용을 토대로 글을 쓰게 되고 유명한 작가가 된다는 내용입니다.

초등학교에서 '온작품 읽기 도서'로 널리 활용되는 책으로 미리 읽어 보면 좋습니다. 아이들이 여우가 책을 먹는 내용을 신기해하고 그림과 내용에 금세 푹 빠져듭니다. 다소 과장된 표정과 행동이 책에 몰입하게 합니다. 그리고 이 책의 주제인 '독서에 대한 흥미'를 아이들과 활동을 통해 끌어낼 수 있습니다.

책 먹는 여우의 내용 자체는 1학년이 읽기에 다소 길다고 생각될 수 있습니다. 실제로 쪽수와 글자가 많아 부담스러울 수 있지만, '의성어, 의태어'를 습득하고, 글의 전개를 이해하는 데 도움이 됩니다. 또한 몰입도와 흥미를 생각하면 충분히 아이들과 함께할 수 있는 책입니다.

다음의 활동을 아이와 함께 해보세요. 활동을 통해 아이들은 자신이 실제로 여우가 되어 작품 속에 빠져듭니다. 책에 관심이 생긴다면 여우의 일반적인 특성에 관하여 다른 책을 통해 지식을 얻을 수 있고, 『책 먹는 여우』의 2편에 대한 기대감으로 상상의 나래를 펼 수도 있습니다.

아이와 함께하는 활동

제목만 듣고 내용 상상하기

- 여우는 무엇을 먹죠? 책 제목은 왜 '책 먹는 여우'일까요?

• 여우는 왜 책을 먹을까요?

• OO이도 책을 먹고 싶을 때가 있나요?

여우와 인터뷰하기

아이가 기자가 되어 여우 아저씨에게 질문할 내용을 몇 가지 만들어 봅니다. 부모님은 여우 아저씨 역할을 하며 둘이서 인터뷰를 하는 활동입니다. 한 번 해본 후, 기자와 여우 아저씨의 역할을 바꿔서 하면 좋습니다. 이때 여우 가면을 만들어 보거나, 마이크 모형을 가지고 좀 더 인터뷰 현장을 실감 나게 하면 효과가 더욱 큽니다.

내가 만약 □□라면 어떻게 했을까?

상황① 내가 여우라면 배고프고 먹을 책도 없고 돈도 없다면 어떻게 할까요?

상황② 내가 사서라면 여우가 배고파서 책을 먹었을 때 어떻게 했을까요?

상황③ 내가 교도관이라면 여우가 종이와 펜을 달라고 할 때 어떻게 했을까요?

상황④ 여우가 베스트셀러 작가가 되지 않았다면 무엇이 되었을까요?

뒷이야기 상상하기

"『책 먹는 여우』 2편이 있다고 해요. 만약 우리 OO이가 직접 2편의 내용을 상상해 보면 어떨까?" 하고 아이에게 질문을 던져 뒷이야기를 상상하여 지어 보게 하세요. 만약 어려워하면 다음 질문 3가지를 던져 보세요.

• 여우가 베스트셀러 작가가 되었는데 너무 많이 먹어서 계속 배가 나오고 있네. 어떻게 해야 할까요?
• 여우가 너무 유명해졌어요. 유명해지면 무슨 일이 생길까요?
• 여우는 책을 계속 먹는데, 언제까지 책을 먹었을까요?

*『책 먹는 여우』 2편의 내용은 베스트셀러 작가가 된 여우의 책을 누군가가 훔쳐 갑니다. 추적 끝에 범인을 찾게 되고 새로운 사건이 전개되지만 재미있고 지혜롭게 해결하는 내용입니다.

욱하는 감정 조절하기

『제라드의 우주쉼터』(제인 넬슨 지음, 김성환 옮김, 교실어린이)

부모와 아이를 위한 긍정의 훈육 그림책이자 아이 스스로 감정을 조절하는 방법인 '긍정의 타임아웃'을 소개하는 책입니다. 최근 분노조절장애라는 말이 유행처럼 많이 쓰입니다. 어른인 우리도 화를 다스리기 쉽지 않은 상황에 놓여서, '욱'하는 감정이 튀어나와 뒤늦게 후회하는 경우가 많습니다. 이 책은 이와 같은 분노를 스스로 인식하고 받아들여서, 긍정적으로 분노를 다스리고 표현하는 데 도움을 주는 책입니다.

제라드는 화가 나면 식탁을 걷어차고, 우는 행동을 보이는데, 이 때 제라드의 엄마는 화를 내거나 잔소리를 하는 것이 아니라 꼬옥 안아주며 제라드가 깊은 숨을 두 번 몰아쉬게 해줍니다. 그리고 아이가 진정되면 눈을 바라보며 이야기합니다. "화가 났을 때 다르게 표현하는 방법이 뭐가 있을까?", "엄마에게 좋은 생각이 있는데 들어볼래?"라고 제안합니다. 또, 제라드가 정말 화가 났을 때 머무를 수 있는 '우주쉼터'라는 공간을 부모님과 함께 의논해서 만듭니다. 부모와 의논은 했지만, 제라드가 스스로 꾸며서 만든 곳이죠.

말이 쉽지, 이렇게 하기는 어렵습니다. 하지만 이를 위해 최근 학교에서는 '버츄프로젝트virtue project'를 실천하고 있습니다. 버츄프로젝트는 아이들 마음에는 모두 다듬어지지 않은 52개 미덕의 원석이 있으며, 그것을 깨워주고 연마하며 빛내주면 보석을 만들 수 있다는 것입니다. 다양한 버츄 활동을 통해 원석을 갈고 닦아 다이아몬드로 만들어 미덕을 빛나게 할 수 있다는 프로젝트입니다.

이를 위해 부모는 무엇을 할 수 있을까요? 아이와 함께 52가지 미덕을 직접 써보고, 감정을 나눠 보고, 미덕 샤워 등 여러 가지 활동을 해보세요. 버츄프로젝트의 시작으로 52가지의 미덕을 예쁜 종이에 써서 게시한 뒤 함께 읽어 보는 것을 추천합니다.

또 하나의 방법은 지금부터라도 '나 전달법'을 시작해 보는 것입니다. '나'로 이야기할 때 감정보다는 이성적으로 생각하고 침착하게 이야기할 수 있다고 합니다. 부모인 '내'가 '너'인 자녀 탓만 한다면 그 아이도 집 밖에서 남 탓만 하는 아이로 자라날 것입니다. '나'보다는 '너'로 이야기를 시작하면 서로 감정이 격해지거나 상대방이 무시당하는 느낌을 받습니다.

아이가 잘못했거나, 부모가 화를 내야 할 상황이 온다면 "너는 뭐 하는 거야?", "너는 누구 닮아서 그러니?", "너는 저번에 그러고 또 이러는 거야?", "너는 진짜 혼나야겠다."보다는 "지금 OO이가 한 행동이 엄마(아빠)를 마음 아프게 하는데, 어떻게 생각해?", "지금 한 행동이 엄마(아빠)에게 어떨 것 같아?"와 같이 말해 주세요.

책을 재미있게 읽고 끝낼 수도 있지만, 직접 아이와 우주쉼터를 만드는 활동까지 이어진다면, 아이가 초등학교 생활을 잘하는 데 많은 도움이 됩니다. 이 책에 있는 부모를 위한 팁을 조금 구체화하여 소개합니다.

아이와 함께하는 활동

호기심을 가지고 물어보기와 진정될 때까지 기다리기

아이가 화를 내며 아무 말을 하지 않거나, 문제 행동을 하면 소리를 지르거나 화를 내기보다 우선 시간을 주고 기다립니다. 대신 부모는 아이에게서 눈을 떼지 않고 따뜻하지만 단호한 눈빛으로 바라봐 주세요.

문제 행동을 고치기 전 마음을 연결하기

잘못된 행동을 100번 타일러도, 아이들은 혼이 나는 상황에서는 마음을 열지 않습니다. 결국, 부모가 열심히 하는 이야기는 아이의 오른쪽 귀로 들어가서 왼쪽 귀로 나오게 마련입니다. 마음을 연결할 수 있도록 따뜻한 스킨십을 해주세요.

아이와 공감하기

아이의 잘못을 이야기하기 전 아이의 감정을 이해해 주세요. "어떤 일로 화가 났었니?", "많이 힘들었구나."처럼 아이의 감정에 우선 공감해 주세요. 공감받은 경험은 아이가 자라서 다른 이들을 공감할 수 있는 능력을 길러 줍니다.

바르지 않은 행동에 대해 말해 주기

감정은 옳고 그른 것이 없지만 행동에는 바른 행동과 바르지 않은 행동이 있다는 것을 알려 주세요. 바르지 않은 행동은 주변 사람들에게 상처를 주거나 자기 자신을 탓하게 만드는 안 좋은 점이 있다고 말해 주세요. 감정을 다스리기 위해 긍정의 타임아웃이 필요하다는 이야기를 해주세요.

긍정의 타임아웃 알려 주기

긍정의 타임아웃은 말 그대로 '멈춤의 시간을 가지는 것'입니다.

격렬해진 감정의 온도를 낮추거나 상황을 정돈하기 위한 시간을 의미합니다. 화가 나고 속이 상하는 상황에서 감정을 진정시키고 회복하는 시간을 가지라고 말해 줍니다. 아이에게 화나는 일이 또 생겼을 때, 해결 방법을 함께 고민해 보자고 제안합니다. 아이가 잘 모르겠다고 하면, 부모님이 긍정의 타임아웃을 제시해 봅니다. 구체적인 장소와 시간은 아이와 함께 정해 보세요. 이 활동을 통해 아이는 순간적인 화를 드러내기보다는 지혜롭게 해결하는 방법을 터득할 것입니다. 그리고 멋지게 긍정의 타임아웃을 실천할 수 있는 우주쉼터를 완성해 봅니다.

배려심 기르기

『무지개 물고기』(마르쿠스 피스터 지음, 공경희 옮김, 시공주니어)

무지개 물고기의 내용은 친구를 자기보다 못났다고 생각하고 혼자만 좋은 것을 가지려고 한다면, 결국 자기도 마음의 어려움을 겪을 수 있다는 내용입니다. 자신의 것을 나누고 배려해 주었을 때 어떤 느낌이 드나요? 그때 우리는 행복하고 즐거워짐을 느낄 수 있다는 내용입니다.

이 책은 자기중심적인 성향을 보이는 아이들이 주변을 배려하는 아이로 거듭나는 데 도움이 됩니다. 자기 자신도 중요하지만 주변과의 관계를 형성하는 것의 중요성에 대해 깨닫고 나눔의 기쁨을 알게 하는 책입니다.

다음의 활동은 비교적 시간이 오래 걸리는 활동입니다. 시간을 정해서 하거나 평일보다는 주말에 하는 것이 좋습니다. 인터넷 검색 한 번으로도 다양한 활동지를 찾아볼 수 있으니 아이와 함께 이외에 다양한 활동을 해도 좋습니다.

아이와 함께하는 활동

물고기를 만들어 전시하기

도화지에 물고기를 그리거나 색종이를 접어 물고기 모양을 만듭니다. 색종이로 물고기를 접을 때 멋진 비늘도 붙여 주세요. 네임펜이나 반짝이 스티커를 활용하면 좋습니다. 그리고 햇빛이 잘 드는 거실에 투명필름으로 만든 작품을 전시해 함께 감상해 보세요. 하나의 커다란 수족관이 탄생합니다.

- 색종이로 물고기 모양을 접은 후 멋진 비늘 붙이기
- 부모님이 물고기를 도화지에 그려 주기
- 투명필름에 매직으로 무지개 물고기를 그려서 창문에 붙여서 전시하기

공감 릴레이

가족이 서로를 칭찬하는 물고기를 만들어 보세요. 물고기를 서로 그려 주며 칭찬을 직접 말로 해보세요. 아이의 긍정적인 감정이 한층 더 자라날 것입니다. 비늘은 반짝이 스티커나 아이가 좋아하는 스티커를 활용해 주세요. 『무지개 물고기』는 시리즈로 나와 있어서 우정, 믿음, 사랑 등 다양한 미덕(버츄)에 대해 알 수 있는 좋은 책이랍니다.

- 우리 가족 칭찬 물고기 만들기
- 무지개 물고기, 파란 꼬마 물고기 관점에서 생각해 보고 이야기하기
- 작은 비늘 한 개를 주고 나서 무지개 물고기의 기분이 묘해진 이유는 무엇일지 생각하고 이야기해 보기
- 마지막 비늘 하나를 줄 때 무지개 물고기의 마음은 어땠을지 이야기해 보기

떠나자 새로운 세계로!

『기린과 바다』(박영주 지음, 아띠봄)

『기린과 바다』는 주인공의 모습이 점, 선, 면, 공간으로 확장해 가며 아이들의 상상력과 창의력을 자극하는 그림책입니다. 우주에 둥둥 떠다니는 하얀 종잇장 '바탕' 위에 까만 '점'이 하나 찍히면서 이야기는 시작됩니다. 점은 바탕 위에서 선이 되고 면이 되고 마침내

기린이 되어 바탕의 친구가 되어 주고, 둘은 함께 별을 찾아 '우주의 끝'으로 향합니다. 이 과정에서 비를 만나 셋은 한 팀이 되고, 별을 보는 꿈을 이루기 위해 함께 노력합니다. 이야기가 진행되며, 내용은 점점 구체화합니다. 전체적으로 상상력을 기를 수 있게 구성되어 있습니다.

또한 바탕과 기린, 바다가 서로 친구가 되어 이해하고 위기상황을 헤쳐 나가는 에피소드는 학교에서 친구들과의 관계를 유지하는 사회성을 기르는 데 도움이 됩니다. 학교에서 모둠활동이나 친구들과 놀 때 규칙을 세우며 노는 모습과 비슷합니다. 작품 속 주인공들이 모험에서 울고 웃으며 다양한 감정을 표현할 때마다 자연스럽게 함께 공감하고 표현해 보는 활동을 할 수 있습니다.

아이와 함께하는 활동

책 내용을 중심으로 대화 나누기

책의 구성이나 색채의 변화, 점에서 시작해 주변 친구들과 힘을 합쳐 위기를 극복하는 과정은 아이의 정서적 안정과 상상력을 기르는 데 큰 도움이 됩니다. 책을 읽고 아이에게 여러 가지 질문을 던져 대화를 나눕니다. 특히 다음의 질문 5가지는 아이가 책의 내용에 대한 이해뿐만 아니라 상상력을 기르는 데 도움을 줍니다.

• 기린은 처음에 무엇이었나요? 그다음에 점점 어떻게 변해 가나요?

• 책에서 재미있었던 부분은 어디였나요? 그 이유는 뭘까요?

• 처음에는 색칠이 안 되어 있었는데 나중에는 왜 색칠을 했을까요?

• 기린은 위기를 어떻게 극복하나요? 누가 도와주나요?

• 기린처럼 하고 싶은 꿈이 있나요?

책을 광고하는 그림 그리기

아이가 책을 서점에서 판다면 어떤 광고지를 만들 수 있을까 대화를 나눠 보세요. 아이는 가장 먼저 책의 줄거리를 떠올립니다. 그리고 친구들이 어떻게 하면 광고를 보고 책에 대한 궁금증을 가질 수 있을지 고민합니다. 이 활동은 처음에는 접근하기 쉽지 않지만, 아이들의 '메타인지' 능력을 기르는 데 기초가 되는 활동입니다. 책을 읽고 다른 친구에게 소개하는 활동은 자신의 사고과정을 되돌아보고 전혀 다른 방식으로 표현하는 과정입니다. 다양한 재료를 활용해 멋진 광고를 만들어 보세요.

ELEMENTARY 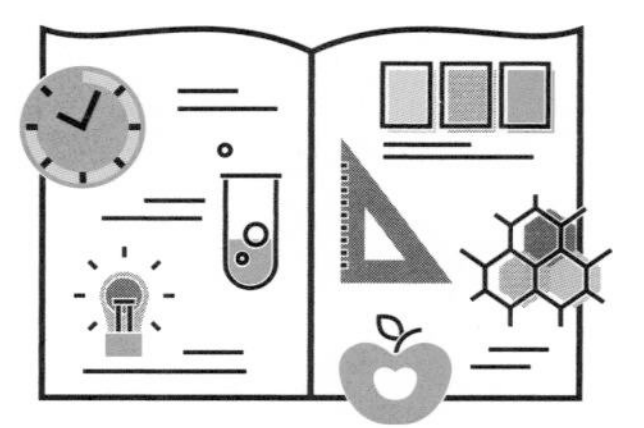 READING

여러 형식으로 독서일기 쓰기

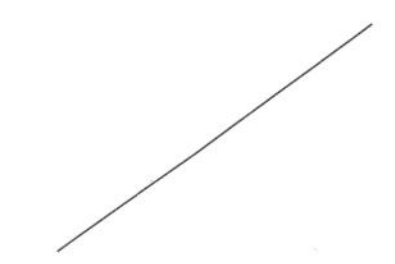

책을 읽긴 했는데 무슨 내용인지 전혀 기억나지 않은 적이 있나요? 내 마음에 와닿는 구절이 있었는데 책 제목이 떠오르지 않은 적은 없나요? 우리는 외부세계의 정보를 오감을 통해 뇌에 받아들여 정보를 수집합니다. 뇌는 다양한 방법으로 정보를 단기 기억에 저장하고, 여러 작용을 통해 궁극적으로 장기 기억으로 옮깁니다. 단기 기억을 장기 기억으로 보내려면 주의집중, 연습, 반복, 조직화, 정교화 등 여러 가지 기억을 위한 조치가 필요합니다. 단기 기억은 시간이 지나면 사라지기 때문입니다. 단기 기억을 장기 기억으로 보낼 때 배경지식이 있으면 이를 더 수월하게 만들어 줍니다.

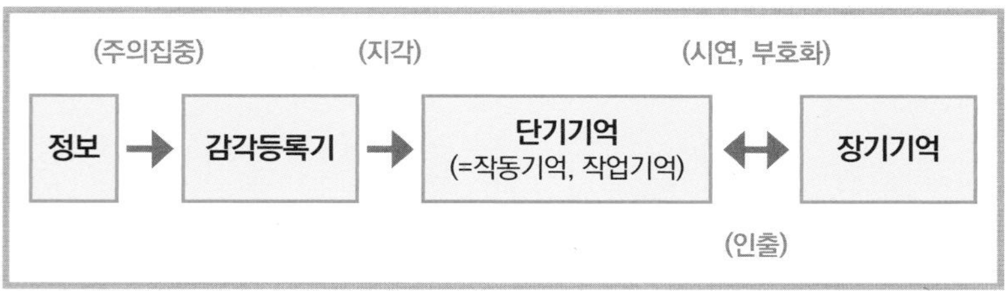

이를 독서에 적용해 보면 우리는 책을 읽고 난 후 자신의 느낌과 생각을 단기 기억에 저장합니다. 그 후 독후 활동 없이 끝내면 단기 기억에서 스르르 지워집니다. 책을 읽고 난 후 오래 기억하고 싶다면 독후 활동이 필요합니다. 다양한 독후 활동 중 독후감은 읽은 내용을 반복하고 조직화하는 과정을 거쳐야 하므로 가장 효과적으로 장기 기억에 남길 수 있습니다. 하지만 독후감은 아이들의 독서 흥미를 떨어뜨린다는 결정적 단점이 있습니다. 따라서 독서일기로 접근하는 것이 바람직합니다.

독서일기를 쓸 때 주의할 점은 부모가 옆에서 지켜볼 뿐 아이가 솔직하고 자유롭게 쓸 수 있도록 해야 합니다. 물론 지나치게 폭력적이거나 잔인한 내용을 쓴다면 바르게 쓰도록 지도하는 것이 바람직합니다. 그 외에는 아이가 스스로 끝까지 써나갈 수 있게 도와주세요. 독서 일기를 쓰는 것은 하나의 새로운 글을 써보는 과정입니다.

독서일기를 쓰다 보면 자연스럽게 자신을 돌아보게 됩니다. 책을 읽은 후 내용을 정리하고 자신이 느낀 감정과 생각을 표현하는 것이니까요. 책을 읽으며 자신의 경험을 떠올려 보고, 스스로 반성하거나 칭찬하다 보면 정서적 안정은 물론 주변 사람들을 챙기는 배려심도 기를 수 있습니다. 문제를 많이 풀고, 교과서를 열심히 본 아이들이 공부를 잘하듯이 책을 많이 읽은 아이들이 독후감도 더 잘 쓰고 상상력도 좋아집니다.

과거 독서교육은 독후감에 초점이 맞춰져 있었습니다. 책을 읽으면 꼭 독후감이라는 숙제가 따라왔지요. 반대로 최근 독서교육에서는 다양한 독후 활동에 집중되어 있습니다. 물론 책을 읽고 함께하는 독후 활동은 초등 1.2학년에게는 정말 큰 효과가 있고, 독후감처럼 억지로 쓰게 하는 글은 오히려 독서를 숙제처럼 느끼게 해 역효과를 일으킬 수 있습니다. 하지만 발달 속도에 따라 대부분의 4학년과 일부 3학년은 독서일기 쓰기를 습관화할 것을 권합니다. 언제나 중요한 것은 절대 억지로 시켜서는 안 된다는 겁니다. 아이가 준비될 때까지 기다려 주세요.

독서일기로 접근하기

①독서일기의 효과

일기 쓰기는 아이들의 정서와 학습에 도움을 많이 줍니다. 첫째, 일기 쓰는 습관은 책상에 오래 앉아 있는 힘을 길러 줍니다. 초등학교 1학년 교육과정에는 그림일기 쓰기가 포함되어 있습니다. 이를 활용하여 아이들이 매일 일기 쓰기를 할 수 있게 해주세요. 집에서 꾸준히 의자에 앉아 있는 습관만 들여도 학교 수업시간에 엉덩이를 들썩거리지 않고 집중하게 합니다.

둘째, 자신의 하루를 되돌아볼 수 있게 합니다. 저는 매일 적게는 한 문장에서 많게는 A4 분량으로 1~2장까지 글을 쓰는 습관이 있습니다. 말도 하면 할수록 늘듯이 운동도 오래 할수록 실력이 늘어가듯이 글쓰기 능력도 마찬가지입니다. 쓰면 쓸수록 잘 쓰게 되고 글 쓰는 영역에 대한 이해와 창의력이 계발됩니다. 독서일기 쓰기는 책과 관련된 일을 되돌아보며 자신에게 일어난 일의 원인과 결과와 느낀 점을 씁니다. 무심코 지나갈 수 있는 하루를 되돌아보는 것은 자연스럽게 글쓰기 능력과 논리적 사고, 기억력을 기를 수 있는 효과적인 방법입니다.

셋째, 아이의 마음을 들여다볼 수 있고, 감정을 풀어 주는 역할을 합니다. 누구나 살면서 스트레스를 받지 않을 수는 없습니다. 아이도 나름의 스트레스가 많습니다. 스트레스는 그때그때 해소해야 하는데, 각자 자기만의 해소법이 있을 테지요. 소리를 지르거나 많이 먹거나, 운동을 하거나. 주변 사람들과 수다를 떨며 풀기도 합니다. 일기 쓰기도 스트레스를 푸는 하나의 방법이 됩니다. 아이들이 그날 있었던 일을 생각해서 쓰면 자연스럽게 자신의 행동에 대한 성찰 및 그날 화가 났던 일에 대해서도 다시 한 번 생각해 볼 기회를 갖습니다. 이 과정을 통해 자연스럽게 부모는 아이의 속마음을 들여다볼 수 있습니다.

②독서록과 독서일기의 차이

독서일기와 독서록은 비슷한 듯하지만 차이가 큽니다. 독서록은 한 권의 책을 다 읽고 줄거리나 느낀 점, 자기 생각을 씁니다. 독서록은 어린아이들이 쓰기에는 다소 부담으로 작용할 수 있습니다. 반대로 독서일기는 형식이 자유롭고, 내용도 쓰는 사람이 정할 수 있습니다. 독서일기는 기억에 남는 부분을 그림으로 그려도 되고, 책에서 기억에 남는 한 문장을 옮겨 적어도 되고, 자기 생각을 간략하게 펼칠 수도 있습니다. 아이가 독서 일기장에 읽은 책과 관련한 퀴즈를 내고 부모가 답을 맞히는 활동을 할 수도 있습니다. 다양한 활동을 독서일기에 기록하면 매일 작은 성취감을 느끼는 동시에 독후 효과도 누릴 수 있습니다.

독서일기는 도서명, 저자명을 쓰고 자신이 책을 읽고 난 뒤 느낀 생각이나 감정을 간단하게 한 단어나 한 문장으로 씁니다. 일주일 정도는 간단히 쓰게 하세요. 또한 독서일기 아래에는 다음에 읽고 싶은 책의 종류나 분야, 읽고 싶은 날짜나 시간을 쓰게 하세요. 정확한 책 이름도 좋지만 집에 아이가 읽고 싶은 다른 책이 없을 때는 이 방법이 효과적입니다. 아이가 스스로 책을 읽어야겠다고 다짐하는 계기가 되기도 합니다.

학교에서도 이와 같은 방법으로 지도해 아이들의 독서량이 눈에 띄게 증가하는 것을 볼 수 있었습니다.

독서일기 예시

날짜	도서명	저자명	생각이나 느낌(1~2줄 간단하게)
다음에 읽고 싶은 책은?			
언제 읽을 건가요?			

독서일기 쓰는 방법

①동시로 쓰기

짧은 글 속에 함축적인 내용을 담은 것이 동시입니다. 글쓰기를 힘들어하는 아이들도 동시는 조금 가벼운 마음으로 접근합니다. 우리 주변의 사물, 동물, 곤충, 식물 등 무엇이든 소재가 될 수 있습니다. 아이들은 동시를 읽고 주변의 사소한 것에, 평소 지나쳤던 것에 관심을 두는 모습을 종종 볼 수 있습니다. 이는 동시를 쓸 때의 가장 큰 장점입니다. 아이들이 그냥 지나칠 수 있는 일이나 주변을 관심 있게 바라보면 하나의 대상을 여러 측면에서 생각하는 능력을 기를 수 있습니다.

실제로 학교에서 아이들과 책을 읽고 난 후 자신의 느낌을 동시로 표현하기 활동을 할 때가 많은데 동시를 쓰면서 아이들의 마음이 자라나는 것을 볼 수가 있습니다. 아이들은 시를 쓸 때 주변을 열심히 관찰합니다. 그러면서 보도블록 사이에 핀 꽃을 보며 생명의 위대함을 느끼고 부모님의 사랑, 친구와의 우정을 꽃이나 바다 등에 빗대어 함축적으로 표현합니다. 시는 쓰면 쓸수록 아이의 마음을 키웁니다. 기회가 된다면 동시집을 아이와 함께 읽어 보는 것도 좋습니다.

아이들이 글쓰기는 어려워해도 동시는 다소 수월하게 접근합니다. 한 줄, 두 줄만 써도 훌륭한 동시가 되고 다양한 뜻을 포함할 수 있습니다. 아이와 함께 동시로 감상문을 쓰고 그림도 함께 그리며 집에서 작은 전시회를 열어 보세요. 전시된 동시를 고쳐 써보거나 자신의 느낌을 솔직히 써보게 하세요. 한두 줄 짧은 글뿐만 아니라 나중에는 긴 글도 술술 쓰게 됩니다.

②그림으로 표현하기

그림으로 감상문을 쓰는 방법은 초등학교 저학년 시기에 글씨를 쓰는 데 어려움을 겪는 아이들에게 효과적인 접근 방법입니다. 책을 읽고 기억에 남는 그림이나 장면을 그림으로 표현하는 활동이 저학년 발달 수준에 적합한 독후 활동입니다. 대부분 아이들은 책을 읽고 난 후 그림 그리기를 좋아합니다. 처음부터 그림 감상문을 그리기는 쉽지 않습니다. 따라서 처음에는 책을 보고 따라 그리게 합니다. 그리고 기억한 내용을 바탕으로 그림을 그려 보게 하세요. 처음에는 따라 그리는 수준에 그치지만 차츰 자기만의 그림으로 책을 표현하는 수준까지 나아갑니다. 처음엔 특징이 잘 드러나는 그림 그리기로 접근합니다. 그리고 그림을 보고 무엇을 그렸는지 물어보세요.

아이들은 태어나서 처음 펜을 잡으면 글씨를 쓰기보다 낙서를 먼저 합니다. 자신이 좋아하는 그림을 벽과 흰 도화지 등 어디에든 그립니다. 언어가 생기기 전에 인류는 그림이나 상형문자로 의사소통을 했습니다. 그만큼 원초적이고 한편으로는 성장의 기본이 되는 행위입니다.

그림으로 독서일기 쓰기는 최근 초등학교에서 널리 활용되는 비주얼 씽킹visual thinking의 한 가지 방법으로 활용될 수도 있습니다. 비주얼 씽킹이란 '글과 그림을 함께 이용해서 빠르고 간단하게 생각을 정리하고 정보를 요약해 공유하는 것'입니다. 즉 사물, 개념, 생각을 상징적인 이미지로 간단하게 표현하는 것을 뜻합니다.

비주얼 씽킹의 대표적인 예로는 화장실 표시, 지하철 표시 등이 있습니다. 아이가 책을 그림으로 표현할 수 있는 능력이 점차 길러지면 이처럼 비주얼 씽킹을 통해 책의 특징을 뽑아서 그림으로 표현할 기회를 제공해 보세요. 이 과정을 통해 관찰력이 높아지고 자신만의 방식으로 새로운 것을 표현하는 능력이 발전합니다.

고전을 읽으면 좋을까요?

고전은 읽으면 좋긴 한데 왜 굳이 초등학생 때 읽어야 하는지 많이들 궁금해합니다. 사실 초등학교 저학년 아이들이 고전을 읽고 흥미를 느끼기는 쉽지 않습니다. 고전은 수백 년 동안 읽히고 또 읽혀서 전해 내려오는 책입니다. 사람들에게 읽고 좋은 영향을 끼치고, 뜻 깊은 책이 아니었다면 벌써 우리 기억에서 잊힐 책이죠.

아이들에게는 항상 좋은 책을 읽으라고 말합니다. 좋은 책을 고르는 데는 여러 기준이 있습니다. 아이의 수준, 글의 양, 그림과 글의 관계, 가독성 등을 고려해야 합니다.

아이에게 친구를 사귈 때 좋은 친구를 사귀라고 합니다. 좋은 친구의 기준은 예전부터 내려오는 대로 거짓이 없고, 진실성이 있고, 배려심 있고, 내가 힘들 때 도움이 되어 주는 친구입니다. 거짓이 없고, 진실한 고전은 좋은 친구와 같습니다. 무엇보다 사람들의 기억에서 잊히지 않고 수백 년, 수천 년 동안 전해 오는 책입니다.

왜 고전을 읽어야 할까?

"우리 아이가 고전을 읽을 수 있나요?", "어떤 고전을 읽어야 해요?", "너무 어려운 거 아닌가요?" 대부분 학부모는 고전에 대한 막연한 두려움과 거리감을 느낍니다. 고전은 저마다 기준이 다르지만 가장 핵심은 지속해서 읽히고 인류의 보편적인 가치와 메시지를 담고 있다는 것입니다.

아이들은 성장하면서 인생에 대한 가치관이 변합니다. 초등학교에서는 반에서 영향력 있는 아이가 교실 분위기를 흐리면 주변 친구들도 동조하는 경향이 강합니다. 그만큼 아이들은 주변의 영향을 많이 받는다는 것을 알 수 있습니다. 그래서 좋은 친구를 사귀라고 부모님들은 항상 이야기합니다. 아이들에게 또 한 명의 좋은 친구는 고전이 될 수 있습니다.

초등학교 저학년은 아직 미완성되고 가변적인 가치관을 지니고 있습니다. 부모님이나 선생님의 말을 들으면 그대로 행동하려는 특징도 보입니다. 즉, 아직은 말을 잘 듣는다는 뜻이죠. 이 시기에 고전과 지속적인 상호작용을 한다면 고전의 좋은 점은 배우고 자신의 좋지 못한 점은 버릴 수 있습니다.

우리는 고전을 읽을 때 고전이 담고 있는 가치관과 나의 가치관이 상호작용하고, 고전의 가치관이 나에게 영향을 미치고 반대로 나의 가치관도 고전에 영향을 미칠 수 있습니다. 『어린 왕자』를 읽고 새로운 상상력에 대해 꿈꾸는 가치관을 얻었다면, 마음대로 하고 싶은 아이 마음이 『어린 왕자』에 투영될 수 있습니다. 그러면서 자연스럽게 마음대로 하는 것과 어린 왕자의 무한한 상상력의 교집합이 아이의 가치관으로 탄생합니다.

그만큼 고전이 미치는 영향은 엄청납니다. 부모는 아이들에게 올바른 가치관을 심어 주어 험난한 세상을 헤쳐 나가는 힘을 길러 주어야 합니다. 뚜렷한 가치관과 높은 자아존중감을 가진 아이들이 몸과 정신이 건강한 아이로 자랄 수 있습니다.

고전 읽기의 효과

고전은 단언컨대 세상 모든 책 중 독서의 효과가 가장 크다고 자신 있게 말씀드릴 수 있습니다. 고전을 통해 어휘력이 증대되고, 문맥을 통해서 유추하는 능력, 논리적 사고력, 집중력 등 독서로 키울 수 있는 모든 능력이 일반 도서에 비해 몇 배는 키울 수 있습니다.

특히 고전을 많이 읽은 친구들은 논리적 사고력이 놀랍게 키워집니다. 수업시간에도 많은 배경지식과 더불어 항상 '왜?'라는 생각을 합니다. 수업시간에 배우는 지식과 모둠활동 시 친구들과 주고받는 대화를 바로 받아들이는 것이 아니라 한 번 생각하고 자기 생각으로 결과를 도출합니다.

교과수업이 시작되면 아이들의 배경지식에 따라 수업시간에 자신감이 달라집니다. 고전을 많이 읽은 아이들은 학교 토의, 토론, 모둠활동 시간에 자신의 의견을 논리적으로 제시합니다. 또한 어려운 책을 읽었다는 자신감과 어려운 문제나 사건에 적극적으로 도전하는 태도가 생겨납니다.

아이와 고전 읽기 도전

아이와 고전 읽기에 도전해 보세요. 지금까지 아이와 함께 아이가 좋아하는 책 읽기를 권장하였습니다. 그런데 아이가 고전을 직접 찾아서 읽고 싶다고 하기는 힘듭니다. 그렇다면 어떻게 고전 읽기를 도전해 볼 수 있을까요?

우선 아이에게 고전 책 읽기를 권유해 봅니다. 아이들은 부모의 염려보다 쉽게 고전에 접근하는 경우가 많습니다. 아이들은 책 자체가 좋아서 읽고, 책 자체에 집중합니다. 실제로 학급에서 아이들과 『명심보감』을 읽어 보면 생각보다 재미있게 읽는 아이들이 많습니다. 『소학』은 송나라 때 주자가 8세 안팎의 아동들을 대상으로 만든 책입니다. 옛날에는 이와 같은 책을 8세 때부터 읽기 시작한 것입니다. 우리 아이들이 읽지 못할 이유가 없습니다.

다만, 고전 읽기는 아이가 동화책에 푹 빠져 있는 것을 전제로 해야 합니다. 동화책도 읽지 않는 아이에게 고전을 읽으라고 이야기하는 것은 평생 독서와 담을 쌓는 결과를 초래합니다.

고전의 시작은 일주일에 한 번, 10분 읽기로 시작하세요. 고전을 첫 부분부터 읽으면 굉장히 지루하게 느낍니다. 부모가 고전을 재미있는 사례로 풀어서 이야기해 주거나 아이 관점에서 해석해 주는 노력이 필요합니다. 고전은 중간중간 읽고 싶은 부분만 읽어도 좋고, 한 문장, 한 문단만 10분 동안 읽어도 좋습니다. 10분 동안 읽고 나면 꼭 아이와 어떤 부분을 읽었는지 이야기를 나누세요. 또한 아이와 함께 고전 읽기를 한다면 부모가 먼저 고전 작품을 읽어 보세요. 혹은 책 한 권을 같이 읽어도 좋습니다.

옛 선인들은 서당에 모여서 모두 소리 내어 읽기(음독)로 공부하였습니다. 아이의 흥미를 유발하는 또 하나의 방법은 소리 내어 읽기입니다. 아이와 함께 읽거나, 번갈아 읽기를 하면 고전과 친해질 수 있는 계기가 됩니다. 우리가 좋은 영화는 여러 번 보고, 볼 때마다 새로운 감정을 느끼는 것처럼 책도 읽을 때마다 느낌이 다르고 깨닫는 게 다릅니다. 고전 읽기를 시작한 이후 같은 부분만 읽는다고 실망하지 마세요. 더 큰 깨달음을 향해 나아가는 시간일 수도 있습니다. 아이가 내용을 모두 이해하지 않아도 좋습니다. 어린 시절부터 고전과 친해진다면 스스로 고전을 읽고 성장해 가는 아이로 자라나지 않을까요?

어떤 고전을 읽으면 좋을까요?

아이들이 어떤 고전을 읽어야 할까요? 다음에 소개하는 책은 아이들 발달단계에 맞추어 선정된 도서들입니다. 수업시간에 아이들의 자신감은 배경지식과 논리적 사고력에서 나옵니다. 아이와 함께 고전 읽기에 도전해 보세요.

초등 1~2학년

책 제목	지은이	출판사
아낌없이 주는 나무	셸 실버스타인	시공주니어
어린이 사자소학	엄기원	한국독서지도회
어린 왕자	앙투안 드 생텍쥐페리	열린책들
초등학생을 위한 방정환 동화 33가지	방정환	세상모든책

초등 3~4학년

책 제목	지은이	출판사
갈매기의 꿈	리처드 바크	나무옆의자
명심보감	범립본	휴머니스트
별	알퐁스 도데	씨앗을뿌리는사람
어린이와 청소년을 위한 논어	공자	보물창고

독서 토론을 한다면 아이가 책을 읽고 들게 된 생각을
부모와 함께 토론하는 과정을 통해
자기 생각이 무조건 옳지 않다는 사실을 알게 됨과 동시에
다른 사람의 다양한 생각을 수렴하고 생각해 보는 기회를 가질 수 있습니다.

6장

책 읽기 힘들어하는 아이를 위한 상황별 솔루션

ELEMENTARY 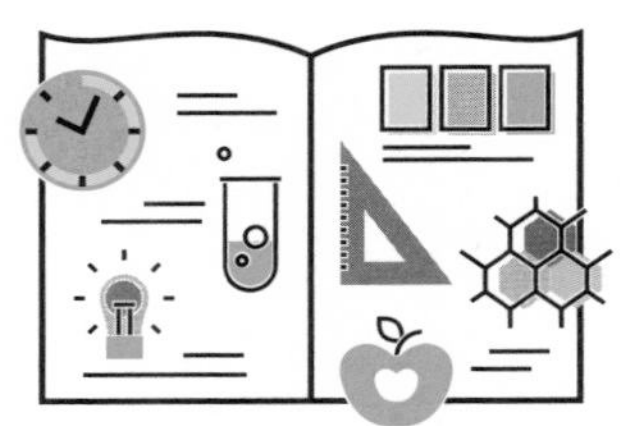 READING

책을 전혀 안 읽는 아이

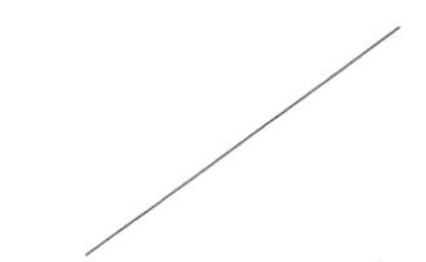

책 읽기에 관심이 없는 아이라면 아이의 관심사와 연계하여 다양한 활동이 필요합니다. 책을 전혀 읽지 않는 아이들은 언제부터 책을 읽지 않았는지 정확하게 짚어보는 것이 필요합니다. 분명 아이가 어렸을 때는 부모가 읽어 주는 책을 두 눈을 반짝이며 더 읽어 달라고 졸랐을 것입니다. 시키지 않아도 책 읽는 모습을 볼 수 있었을 겁니다. 그런데 왜 더 이상 책을 읽지 않을까요?

여러 가지 이유가 있겠지만 책과 멀어진 가장 보편적인 이유 2가지 중 하나는 책 읽기보다 재미있는 것이 많기 때문입니다. 핸드폰 게임이나 TV를 보는 것은 책을 읽는 것처럼 머리를 쓰지 않습니다. 또 한 가지 원인은 아이들에게 그림책과 동화책은 너무 재미있는데 점점 그림이 적어지고 글자가 많아지더니 어느새 교과서에는 글자가 대부분을 차지하기 때문입니다. 독서를 많이 하지 않은 아이들은 교과서가 너무 어렵고 재미없습니다. 자연스럽게 학습에 관심이 떨어지고, 자존감이 떨어져 독서와는 더욱 멀어집니다.

핸드폰 게임이나 TV를 보는 아이들은 보통 만화책이나 학습만화에 흥미를 보이는 경우가 많습니다. 즉각적인 요소의 재미를 알았기 때문에 만화책이나 학습만화의 빠른 전개에 흥미를 보입니다. 그러면 부모님은 당연히 만화나 학습만화는 못 읽게 하고 다른 책을 읽으라고 말합니다. 그로 인해 아이와 부모가 갈등을 겪기 일쑤입니다. 결국 독서와 담을 쌓는 결과를 낳습니다. 어떻게 다시 책과 친해지게 할 수 있을까요?

solution 독서 나무 활동

아이가 독서에 관심이 없다면, 부모들은 큰 고민에 빠집니다. 집에 전집을 구입해 놓거나 주변 부모들의 이야기를 듣고 큰맘 먹고 책을 대량 구매하기도 합니다. 하지만 아이들은 부모님이 읽으라고 이야기할 때를 제외하고는 잘 읽지 않습니다. 숙제로 제시하는 경우에 억지로 책을 읽는 흉내를 낼 수는 있습니다. 아이들이 구매한 책을 읽지 않는다면 부모들은 아이들을 혼내거나, 크게 실망합니다. 사실 부모의 이러한 잘못된 관심의 방향이 독서에 대한 아이들의 흥미와 관심을 떨어뜨리는 원인이 됩니다.

책을 읽지 않는다고 윽박지르거나 혼을 내기보다는 아이가 '책 읽기는 재미있는 활동이구나.' 하는 인식을 심어 주는 것이 현명합니다. 한 가지 방법으로 독서 나무 활동이 있습니다. 도화지에 나무를 그리고 거기에 책으로 재미있는 활동을 할 때마다 열매를 하나씩 그리다 보면 어느새 아이는 책 읽는 재미를 느낄 것입니다. 독서 나무가 한 그루 두 그루 쌓이다 보면 독서라는 바다에 풍덩 빠져 헤엄치고 있을지도 모릅니다. 하루에 최소 10분이라도 계속 책을 읽도록 해주세요. 읽고 독서 나무를 하나씩 부모님과 함께 채워 나가 보세요. 이때, 정해진 시간에 읽는 것은 아이에게 큰 부담이 됩니다. 하루 중 언제라도 10분 이상 책을 읽게 하세요. 그러다 보면 어느새 자기 스스로 20분, 30분, 한 시간도 거뜬히 책을 읽을 수 있게 됩니다.

① 아이와 함께 8절 도화지에 공원(풍경) 그림을 함께 그립니다.

② 공원(풍경) 안에 큰 나무를 그리고 독서 나무의 이름을 아이와 함께 정합니다.

③ 아이와 함께 책으로 재미있는 활동을 하나씩 할 때마다 열매를 하나씩 그립니다.

예) 역할극, 책에 나온 인물 만들어 보기, 몸으로 표현하기 등

④ 열매가 나무에 가득 차면 아이와 함께 미리 약속한 보상을 제공합니다.

예) 놀이공원 가기, 소원 들어주기 등

ELEMENTARY  READING

책 읽을 때
산만한 아이

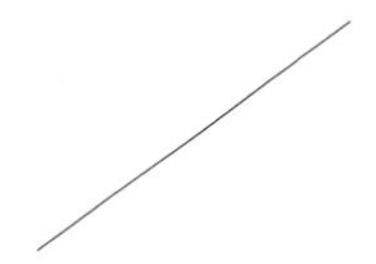

산만하거나 공격적인 성향을 보이는 아이들이 있습니다. 부모는 자녀가 별나서 그렇다고 판단하고 아이를 다그치거나 혼내는 경우가 많습니다. 아이들의 유전적인 기질을 제외하고, 문제 행동이 발생하는 경우는 대체로 부모의 양육 방식에 원인이 있습니다. 잘못된 행동을 바르게 교육하는 건 좋지만, 심하게 다그치면 아이에게 지울 수 없는 마음의 상처가 됩니다. 그로 인해 나쁜 행동은 고쳐지지 않고 문제 행동의 원인이 됩니다. 어떻게 하면 좋을까요?

solution 그림책과 함께하는 8가지 대화

집중을 못 하고 산만한 성향을 보이는 아이들과 '그림책을 통해 대화 나누기'를 추천합니다. 저학년 아이들은 스스로 잘못한 내용에 대해 어떤 것을 잘못했는지 정확히 이야기하지 못합니다. 친구와 싸우고 난 뒤 "왜 싸웠어?"라고 물어보면 "그냥요."라고 대답하는 아이가 많습니다. 아이와 그림책을 읽다 보면, 자연스럽게 부모와 자신의 문제에 관해 이야기를 주고받게 됩니다. 이때 할 수 있는 8가지 대표 질문이 있습니다. 이를 적절히 사용하여 아이와 '래포(심리학 용어로, 두 사람 사이의 공감적인 인간관계)'를 형성한다면 문제 행동 감소는 물론 책 읽기에 관한 관심을 끌어올릴 수 있습니다.

- 읽기 전

- "엄마랑 함께 즐겁게 책 읽어 볼까?"(동기 유발하기)
- "엄마가 책 읽어 주고 싶은데 너는 어때?"(책으로 끌어들이기)
- "책을 어떻게 읽으면 좋을까?"(의견 제시하기)
- "책 읽으면서 같이 어떤 활동을 해볼까?"(자기주도성 기르기)

- 읽는 중

- "잘 읽었어, 좋은 생각이야."(칭찬하기)
- "주인공 입장이라면 어떤 생각이 들 것 같아?"(타인의 입장 고려하기)

- “등장인물을 어떻게 위로해 줄 수 있을까?”(공감하기)
- “등장인물이 앞으로 어떻게 해야 할 것 같아?”(상상력 기르기)

아이들은 부모의 말과 행동을 그대로 배웁니다. 아무리 화가 나더라도 아이가 심각한 문제를 일으키지 않았다면 차분하게 책을 통한 대화로 이어나가는 것이 아이를 올바르게 키울 수 있습니다.

ELEMENTARY 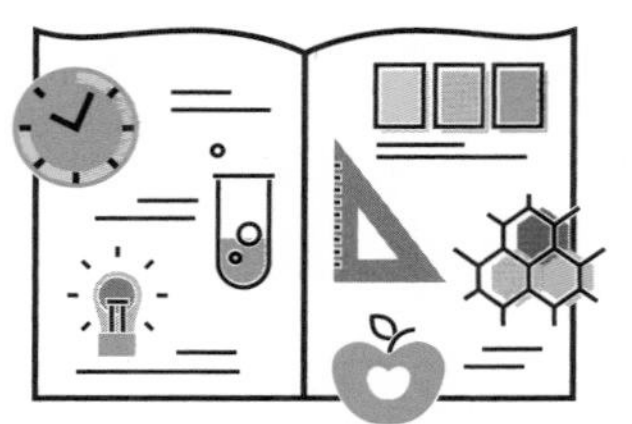 READING

책 읽어 달라고 계속 조르는 아이

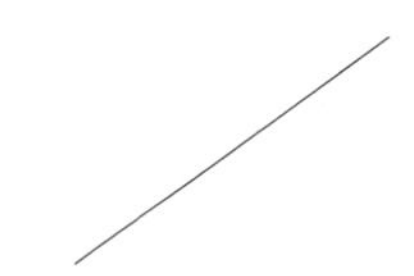

아이가 스스로 책을 읽으려고 하지 않고 매번 읽어 달라고 하면 부모로서 괴로운 일입니다. 책을 읽어 주는 게 아이에게 좋은 건 알지만 집에 와서 쉬고 싶은 것이 솔직한 부모의 마음입니다. 혼자 읽을 수 있으면서도 계속 책을 읽어 달라고 하는 아이. 혹시 아이에게 상처를 주지는 않으면서 올바르게 독서습관도 기르고 아이와의 관계도 원만하게 하는 방법이 있을까요?

solution 먼저 생활습관부터 점검하기

사실 아이가 책을 읽어 달라고 할 때는 아이가 몇 살이든 계속 읽어 주는 것이 바람직합니다. 아이가 책을 읽어 달라고 하는 것은 책 자체보다는 부모에게 함께 있고 싶다는 것을 표현하는 일종의 관심을 끄는 방법입니다. 하지만 현실적으로 매번 책을 읽어 주는 게 쉽지 않습니다. 이런 아이들은 자기 일을 스스로 하는 습관부터 길러 주는 연습이 필요합니다.

'학교 숙제 스스로 해결하기', '블록 조립해 보기', '종이접기', '가방 정리하기', '방 청소하기' 등 혼자 하는 연습을 하는 것이 중요합니다. 책 읽어 달라고 조르는 것을 거절하는 것은 아이에게 큰 상처가 될 수도 있으므로 일상생활에서 스스로 생활하는 습관을 통해 자연스럽게 스스로 책을 읽는 습관을 갖도록 유도해 주세요. 점차 책 읽어 달라는 빈도수가 줄어 들 것입니다. 책을 읽어 줄 때도 한 줄 또는 한 쪽씩 읽어 주다가 점차 혼자 책을 읽도록 이끌어 주세요. 그러면 독서 자체가 즐거운 활동이 될 수 있다는 사실을 스스로 깨닫게 됩니다.

ELEMENTARY 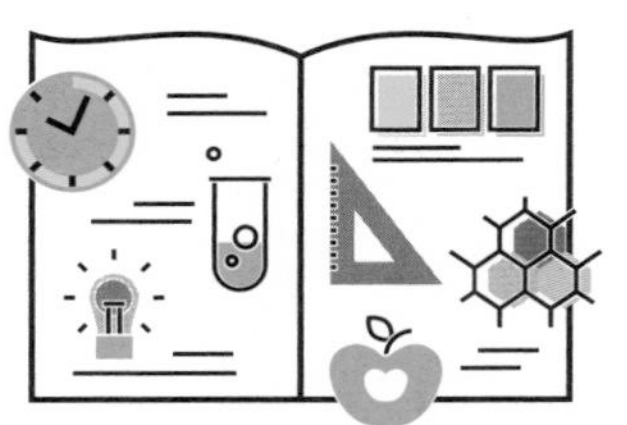 READING

순식간에 책을 읽는 아이

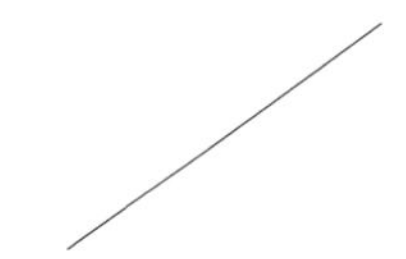

학교에서 독서시간에 유독 책을 빨리 읽고 다른 책을 찾는 아이들이 있습니다. 이 유형의 아이들은 3가지로 나뉩니다. 첫 번째, 평소 독서를 많이 해서 이해력이 좋아 빠르게 읽고 이해하는 아이. 두 번째, 독서 활동 자체에 집중을 못 하는 아이. 세 번째, 처음부터 읽지 않고 중간중간 끊어 읽는 아이로 구별할 수 있습니다.

우선 평소 독서를 많이 하는 아이들은 별문제가 없습니다. 초등학교 시기에는 한 권을 읽고 깊이 있는 이해도 중요하지만 아이들의 특성을 고려해 보면 여러 권의 책을 최대한 많이 읽는 것도 권장합니다. 진로교육에서는 초등학교에서 아이들에게 진로의 전체적인 틀을 가르치는 수업을 하고, 중학교에서 구체적인 직업 및 방향을 알아

보고 고등학교에서 실제적인 접근을 합니다. 이와 마찬가지로 초등학교 독서는 아이들에게 인생을 살아가는 하나의 큰 생각의 틀을 만들어 주는 것이고, 본격적으로 내용을 깊게 채워 가는 것은 초등학교 고학년 시기 이후라고 생각하면 쉽습니다.

두 번째, 독서 활동 자체에 집중을 못 하는 아이들은 주로 책 자체를 너무 싫어하거나 여러 가지 생각이 많은 편입니다. 세 번째로 책을 중간부터 읽거나 띄엄띄엄 읽는 아이들은 생각하고 행동하기보다는 즉흥적으로 행동하는 성향이 있거나 재미있는 부분만 찾아 읽으려고 하는 경우가 많습니다. 결국, 두 번째와 세 번째 모두 책 자체에 큰 흥미가 없다고 할 수 있습니다. 두 번째와 세 번째 아이들은 다음 솔루션을 꼭 실천해 보세요.

solution 아이들 수준에 맞는 레벨 독서

이를 해결하려면 아이들 수준에 맞는 레벨 독서가 필요합니다. 아이들은 저마다 정신적, 신체적 발달 속도가 다릅니다. 독서도 마찬가지입니다. 독서 능력이 친구들에 비해 빠르게 발달하는 아이도 있고 느리게 발달하는 아이도 있습니다. 친구들에 비해 빠르게 발달하는 아이는 독서를 적극 권장하고 지속적인 관심을 보여 주면 됩니다.

구체적인 솔루션이 필요한 경우는 후자입니다. 아이들의 독서 능력이 떨어질 때, 많은 부모가 때 되면 할 수 있다고 생각합니다. 하지만 성인도 독서 능력에서 현저히 차이가 납니다. **초등학생 때 습득하지 못한 독서 능력은 커서 자연스럽게 길러지지 않습니다.** 초등학교 교실에서 책 읽기를 할 때, 책을 많이 읽지 않은 아이들은 책 읽기를 또박또박 읽기를 어려워하여 자발적으로 책 읽기에 참여하지 않습니다. 독서 능력은 하루아침에 쌓이지 않습니다. 중·고등학교 시기에는 학업이 주가 된다면 초등학교 저학년 시기이니만큼 독서가 주가 될 수 있게 부모가 노력해 주세요.

아이가 책 읽기를 어려워한다면 동시집이나 동화책으로 접근해 보세요. 초등학교 3.4학년쯤 되면 동화책보다는 다른 책을 읽는 아이들이 많이 보입니다. 하지만 독서도 공부와 비슷한 측면이 있어서 기초가 되지 않으면 다음으로 넘어갈 수 없습니다. 초등학교 3.4학년까지는 독서습관을 형성하는 데 늦지 않은 시기입니다. 인터넷 검색 한 번이면 찾아볼 수 있는 권장도서를 아이 수준에 맞게 빌려주세요. 만약 아이가 아직 내용을 이해하기 어려워한다면 아이가 4학년이라도 2학년이나 3학년 권장도서를 읽히세요. 꾸준한 독서는 아이에게 자신감을 키워 줄 수 있습니다.

또한 아이들과 함께 이어 말하기 활동을 하는 것도 추천합니다. 예를 들어 "철수와 영희가 아침 8시에 집 앞에서 같이 만났대."로 부모님이 이야기를 시작하면 아이가 그 뒤에 이야기를 이어 붙입니다. "그리고 채연이가 저 멀리서 뛰어오고 있었다."와 같이 이야기해 보는 연습도 도움이 됩니다. 책을 띄엄띄엄 읽는 아이들은 순차적 사고가 부족한 경우가 많습니다. 이러한 놀이를 통해 논리적이고 순차적인 사고를 자연스럽게 할 수 있어 책의 순서에 따라 독서를 하는 데도 도움이 됩니다.

ELEMENTARY 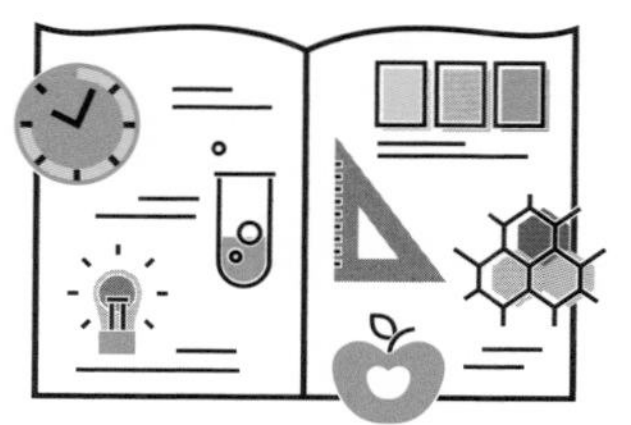 READING

하루 종일 책만 읽는 아이

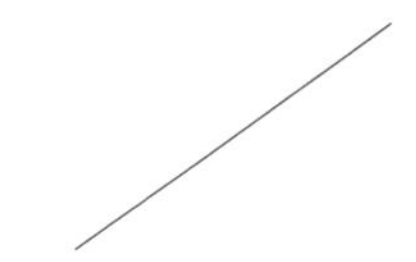

"하루 종일 책만 읽는 걸 도대체 왜 걱정해?"라는 부모도 있을 겁니다. 하지만 지나치게 책을 많이 읽는 아이를 둔 부모는 걱정이 이만저만이 아닙니다. "아이가 책만 읽고 부모와 대화는 하지 않아요.", "공부는 안 하고 책만 봐요."라는 게 가장 대표적인 고민입니다. 학교에서도 책을 정말 많이 읽는 아이들은 눈에 띕니다.

책을 많이 읽는 대부분 아이는 배경지식이 많아 수업시간에 활발하게 참여하고 글쓰기나 발표하기, 책 읽기 등에서 눈에 띄는 모습을 보입니다. 하지만 책을 많이 읽는 아이 중 일부는 다소 자신만의 세계에 깊게 빠지는 경우가 있습니다. 즉 책을 지나치게 많이 읽고 자기 생각이 많이 강화되어 주변 친구들의 생각이나 가족들의 의견보다는 자기 생각만 옳다고 주장하는 경우가 종종 있습니다.

solution 독서 토론하기

책을 많이 읽는 아이들은 또래보다 지식이 넓고 깊은 경우가 대부분입니다. 하지만 그 과정에서 부모의 관심이 필요합니다. 아이가 어느 정도 혼자 독서를 하면 아이와 함께하는 독서 관련 활동은 점차 빈도가 줄어들며, 어느 순간 하지 않게 됩니다. 아이가 스스로 책 읽는 습관이 생기고 더 이상 책을 읽어 달라고 하지 않는다면 부모님의 1차 역할은 끝났습니다. 다만 아이의 독서에서 지나치게 멀어지면 곤란합니다.

아이가 혼자 책을 읽는 시기에 특정 분야에 지나치게 빠지거나 자신만의 세계에 빠지는 경우가 종종 생깁니다. 이 상태가 오래되면 독후 활동을 함께하기 힘듭니다. 아이와 함께 한 달에 한 번씩 가족 독서 토론을 해보세요. 아이가 스스로 책을 읽기 시작하면 아이에게 자기 주관이 생긴 것을 뜻합니다. 즉 책을 읽고 자신의 의견과 근거를 말할 수 있는 준비가 된 것입니다.

독서 토론을 한다면 아이가 책을 읽고 들게 된 생각을 부모와 함께 토론하는 과정을 통해 자기 생각이 무조건 옳지 않다는 사실을 알게 됨과 동시에 다른 사람의 다양한 생각을 수렴하고 생각해 보는 기회를 가질 수 있습니다. 아이와 토론해서 이기려고는 하지 마세요. 서로의 생각을 나누고 존중해 주는 것이면 충분합니다. 그리고 서로의 생각이 다르다는 것을 듣고 이해하는 기회를 제공하는 것으로 독서 토론은 충분한 의의가 있습니다.

ELEMENTARY 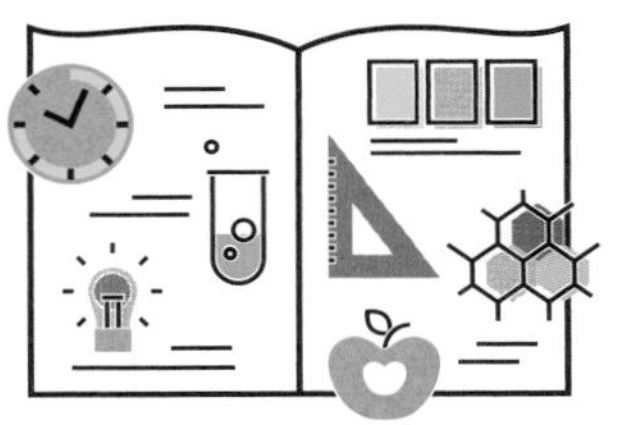 READING

만화책만 읽는 아이

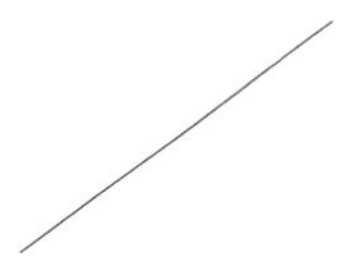

만화책만 읽는 아이는 대부분 어휘력이 또래보다 떨어집니다. 만화책은 깊은 생각을 표현하는 글보다는 상황에 필요한 표면적인 어휘가 주로 사용됩니다. 만화책은 아이들에게 상상할 기회와 생각의 깊이를 빼앗기 때문에 글쓰기나 자신의 의사를 표현하는 데는 도움이 되지 않습니다. '만화책이라도 읽는 게 어디야.'라고 생각할 수 있지만 만화책을 읽는 게 자녀에게 장기적으로 독서습관 형성이나 사고력 발달에 긍정적일까요? 어휘력이 부족한 아이들은 글밥이 많은 동화책을 읽는 데 어려움을 느끼고 재미를 느끼지 못하는 경우가 많습니다. 아이가 만화책을 아무리 좋아하더라도 다른 책도 함께 읽는 시간을 늘려 주세요.

아이들은 책을 읽으며 등장인물의 생각, 행동, 말, 감정을 간접 경험하고, 그들의 삶 속에 자신을 투영합니다. 만화는 쉽고 누구나 그림으로 빠르게 이해하며 시작한 지 10분 만에 한 권의 책을 다 읽어 버립니다. 이는 아이가 글씨를 통해 상상하고 다양한 어휘를 습득하는 데 도움이 되지 않습니다. 특히 초등학생은 글을 많이 읽어 이해력을 키우는 것이 필요한 때입니다. 다른 분야의 책을 충분히 읽으면서 가끔 만화책을 읽는 쪽으로 이끌어주는 부모의 노력이 필요합니다.

solution 만화책 한 권, 그림책 한 권

만화책만 읽는다고 다그치거나 혼내기보다는 인내심을 가지고 기다려 주는 자세가 필요합니다. 만화와 줄글로 구성된 책의 중간단계인 그림책을 활용하여 자연스럽게 줄글의 책을 읽는 독서습관을 유도하는 것이 바람직합니다. 도서관에서 부모와 아이가 각각 함께 읽고 싶은 책을 정합니다. 그리고 이 책을 왜 읽고 싶은지 서로 이야기를 나눠 보세요. 아이의 생각을 존중하되, 부모는 그림책을 함께 읽으면 좋을 것 같다는 생각을 구체적으로 말씀해 주세요.

만화책과 그림책을 각각 읽으며 같이 독후 활동을 합니다. 만화책 한 권과 그림책(동화책) 한 권씩을 번갈아 해보세요. 지금까지 안내해 드린 다양한 방법을 통해 대화를 하다 보면 처음에는 만화책만 보던 아이들도 서서히 부모와 그림책을 한 권, 두 권 읽게 되고 결국에는 그림책의 재미에 푹 빠지게 될 겁니다. 그러면 자연스럽게 동화책 읽기의 빈도를 높여 주세요. 혹시 아이가 특정 만화책에 너무 빠져 있다면, 비슷한 주제나 구성을 가진 그림책을 찾아 함께 읽게 해주세요.

ELEMENTARY 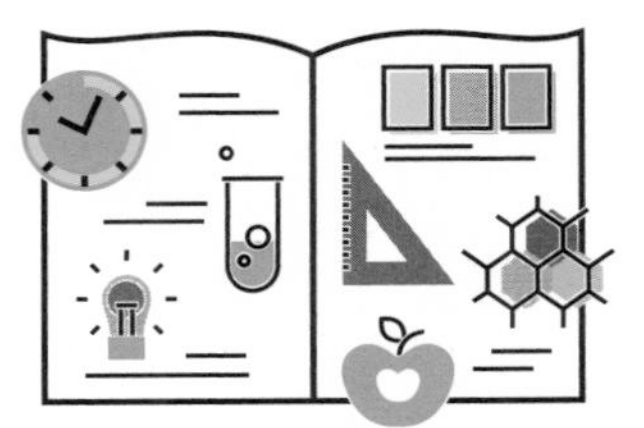 READING

내용을 전혀 기억 못 하는 아이

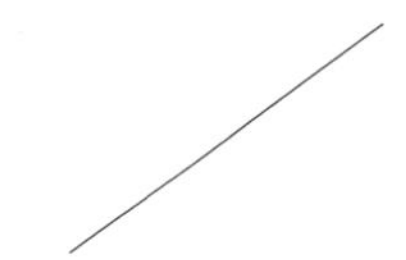

부모의 권유로 마지못해 책을 보는 척만 하는 아이들에게서 주로 보이는 현상입니다. 내용이 아이 수준보다 높아서 독해력과 배경지식이 부족해서일 수도 있습니다. 아이가 책을 읽고 나서 독후 활동을 하는데, 내용을 전혀 기억하지 못한다면 아이는 책을 읽은 것이 아니라 글자 읽기를 했다고 볼 수 있습니다. 이때 아이들은 무척이나 지루해서 몸을 비비 꼬거나 주변을 두리번거리는 행동을 주로 합니다. 아이에게 잔소리나 경고하기 전에 수준에 맞는 책인지, 아이의 흥미와 관련이 있는 책인지를 한 번 더 살펴보세요.

혹시 아이에게 억지로 하루에 몇 권씩 책을 읽게 강요한 적은 없는지 부모가 스스로 되돌아 보는 기회를 가져 보세요. 부모가 강요할수록 독서는 아이에게 하나의 숙제와 다르지 않습니다. 억지로 하는 독서는 아이가 글자만 읽고 시간만 보내다가 끝날 수 있어요. 독서는 책을 읽고 글을 이해하고 여러 가지 생각을 해보는 과정인데 여기서 생각해 보는 과정이 빠진 것입니다. 책을 바르게 읽을 수 있도록 부모의 관심이 필요합니다.

solution 다양한 분야의 책 읽기

자녀가 책의 내용을 기억하지 못하면 다양한 주제와 소재의 책을 읽으며 연계 활동을 하는 것을 추천합니다. 아이와 함께 도서관에서 책을 고르고, 서점에 가보는 활동들이 아이들에게는 책과 친해질 수 있는 가장 좋은 기회입니다.

아이가 다양한 주제의 독서를 할 기회를 제공하세요. 아이가 내용을 기억 못 하는 가장 큰 이유는 책이 재미없기 때문입니다. 이와 같은 아이들은 본인이 어떤 분야의 책에 흥미가 있는지 잘 모르는 경우가 많습니다. 주제별로 책을 한 권씩 선정하여 아이가 읽을 수 있게 기회를 주세요. 이번 주에는 동물, 다음 주에는 곤충, 그다음 주는 친구 관계 등 다양한 주제로 책을 읽다 보면 자연스럽게 아이가 좋아하는 분야의 책을 찾을 수 있고, 독서에 흥미를 갖는 데 도움이 됩니다.

부모와 책 나누어 읽기를 함께해 보세요. 한 단어, 한 문장, 한 문단으로 의미를 확장해 부모와 함께 문맥을 전체적으로 이해하는 연습이 필요합니다. 아이 스스로 요약해서 이야기하거나 한 단어로 표현해 보는 것이나, 되돌아가 처음부터 읽는 활동도 효과적입니다. 책을 계속 읽어도 이해를 쉽게 하지 못하는 아이들은 이와 같은 연습을 꾸준히 하여 독서 수준을 높여야 합니다.

이때 아이가 읽은 책의 내용을 간단히 한 줄로 요약하는 방법도 효과적입니다. 무작정 많이 읽어도 아이의 기억에 전혀 남지 못한다면 무의미한 독서로 끝납니다. 따라서 책 제목과 주인공, 중요한 내용 정도는 기억할 수 있도록 간단하게 써 보는 연습을 시켜 보세요. 또한 학교에서 권장도서로 지정한 책이나 부모가 꼭 읽히고 싶은 책을 적극적으로 활용해 다양한 주제의 독서로 흥미를 끌어내 주세요.

ELEMENTARY  READING

그림만 보는 아이

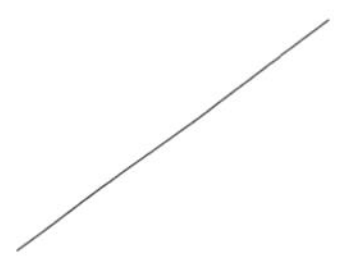

자녀가 하루에 책을 20~30권씩 읽는다고 이야기하는 부모들이 있습니다. 다독하는 아이들은 책을 좋아하는 마음이 강합니다. 하지만 부모와 독후 활동 없이 책만 읽는 아이 중 일부는 책을 많이 읽고 나서 부모님에게 듣는 칭찬 때문에 내용을 다 이해하지도 못한 채 '많은 책의 권수'만 채워 나가는 경우가 있습니다. 내용을 이해하며 다양한 사고를 해보는 '과정'보다는 10권, 20권씩 채워 나가는 '결과'에 초점을 둡니다. 이는 부모의 관심과 사랑을 많이 받고 싶은 아이들에게서 보이는 성향입니다. 아이에게 책의 등장인물, 기억에 남는 사건을 물어보세요. 대답을 못 한다면 솔루션을 실행해 보세요.

solution 긍정적 강화 일으키기

아이가 그림만 본다고 혼을 내거나 부모가 아이에게 책을 많이 읽은 양을 가지고 칭찬하기보다는 부모와 아이가 책으로 나누는 대화에서 더 큰 칭찬을 해주는 것이 필요합니다. 책 내용을 함께 나누는 대화에서 부모가 아이에게 "어떻게 그런 생각을 했어? 대단한데!", "엄마도 몰랐던 부분인데."와 같이 칭찬의 말을 지속해서 사용하다 보면, 아이의 독서 활동에 대한 강화가 일어나 궁극적으로 책을 좋아하게 됩니다.

이와 반대로 아이가 단어나 배경지식에 대한 부족으로 그림만 보는 경우가 있습니다. 이때는 자녀와 함께 단어의 뜻을 찾아보고, 단어카드를 함께 만드는 활동과 만든 카드를 활용해 퀴즈 형식으로 정답을 맞혀 보는 방법으로 배우는 기쁨을 경험하게 해주세요. 또한 그림이 적은 책도 함께 읽어 보세요. 아이와 그림이 적은 책을 함께 읽으며 상상하는 즐거움을 알게 하는 것도 하나의 방법이 될 수 있습니다.

무엇보다도 가장 기본은 "등장인물이 처음에 했던 이야기 기억나?", "기억력이 좋구나!"와 같은 책 내용과 관련된 강화로 아이가 책 내용에 집중할 수 있도록 하는 것임을 잊지 마세요.

ELEMENTARY  READING

표현력이 부족한 아이

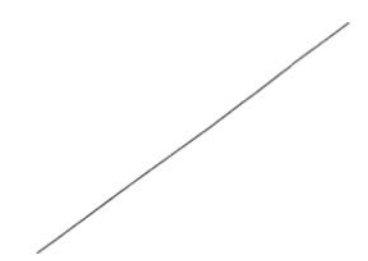

아이와 독후 활동을 할 때 아이가 지나치게 소극적이어서 독후 활동이 제대로 진행되지 않는다고 말하는 부모들이 많습니다. 학급 30명 기준으로 보통 3~4명 정도는 또래에 비해 지나치게 차분하고 조용한 아이들이 있습니다. 심리학에서는 이와 같은 아이들이 지나치게 아이를 억압하는 부모와 소극적인 성향의 부모 둘 중 하나일 때 많이 보이는 성격 유형이라고 말합니다.

아이가 지나치게 반응이 없거나 소극적일 때 부모가 답답해서 큰 소리로 표현한다거나 닦달하는 경우가 많습니다. 하지만 사람마다 저마다 특성이 있는 것처럼 아이는 다소 소극적이어서 자신의 의견을 쉽게 밖으로 표현하지 못할 뿐입니다. 아이의 특성을 존중해 주며 독서 활동에 접근해야 합니다.

solution 표현 따라 하기

아이들이 책을 읽고 나서 "재미있어요."밖에 말하지 않는 경우가 많습니다. 어휘력이 아직 다양하지 않은 경우나 다양한 책을 읽고 표현하는 능력이 부족해서입니다. 소극적인 성격이어서 단답식으로 말하기도 합니다. 이 아이들은 책 읽기에 익숙하지 않고, 글을 이해하는 데 다소 어려움을 보여 책을 읽고 깊게 생각하기 힘들어합니다. 이 유형의 아이들은 어떤 책을 읽어도 "재밌어요."외에 별다른 이야기를 많이 하지 않습니다. "재밌어요."라는 대답을 해서 "특히 어떤 부분이 재밌었니?"라고 물어보면 "몰라요."라고 대답하곤 합니다.

표현이 소극적인 아이들은 부모님께서 직접 다양한 표현을 먼저 해주는 것이 필요합니다. 이 유형의 아이들은 자신의 의견을 이야기하면 틀리거나 잘못된 표현이 아닐까 걱정하거나 말하는 것 자체를 부끄러워하기도 합니다. 아이와 함께 책을 읽고 부모님이 먼저 다양한 표현을 이야기해 주세요. "엄마는 이 책에서 주인공이 꿈에서 비행기를 타고 가는 모습이 정말 재미있었어. 우리 딸은 비행기 타고 가는 모습이 어땠어?"와 같이 어느 정도 답변이 정해진 질문을 꾸준히 해주세요. 익숙해지면 조심스럽게 자신의 의견을 말하게 됩니다.

책을 무료로 나눠 주는 북스타트

북스타트는 '책과 함께 인생을 시작하자'라는 취지로 책읽는사회문화재단(북스타트코리아)과 지방자치단체가 추진하는 지역사회 문화운동 프로그램입니다. 전국 약 60%의 지방자치단체가 참여하고 있습니다. 선정된 북꾸러미 도서 중 책 두 권과 기타 독서 관련 물품을 받을 수 있습니다. 어릴 때부터 아이가 책을 가까이하는 데 도움이 되는 프로그램입니다.

받을 수 있는 북스타트 꾸러미는 3~18개월 아기 대상, 19~35개월 아기 대상, 36개월~취학 전 유아 대상, 초·중·고 대상으로 나뉘어 있습니다. 초등학생에게는 책날개 가방, 그림책 두 권, 학부모 가이드북, 지역 시행기관 안내문이 제공됩니다.

아래 사이트에 들어가면 우리 지역에서도 북스타트 운동을 진행하는지 알아볼 수 있습니다. 해당이 된다면 지역 도서관, 동사무소 등에서 책을 받을 수 있으니 문의해 보세요. 2019년 현재 북스타트 꾸러미 도서는 총 77권입니다. 이 중 희망하는 두 권을 신청해서 받을 수 있습니다. 더욱 자세한 내용은 아래 홈페이지를 참고해 주세요.

http://www.bookstart.org/index.html

에필로그

부모의 노력으로 만들어지는 평생 독서습관

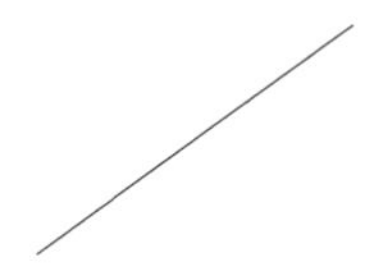

학교에는 저마다의 빛깔을 가진 아이들이 있습니다. 햇빛, 달빛, 별빛 등 모두 다른 색을 지닌 서로 다른 환경에서 살아가는 아이들이 학교라는 공간에서 함께 만납니다. 아이들을 하나로 만들어 주는 '구심점'이 무엇일까 고민한 결과, '독서'였습니다. 독서는 문화, 성격, 외모, 인종, 가정환경이 모두 다른 아이들을 하나로 만들어 하나의 결과를 향해 나아가게 해주었습니다.

저는 독서의 중요성을 깨닫고 누구나 책을 좋아하게 만들기 위해 많은 고민을 하였습니다. 신입 교사 시절에는 저만 열심히 하면 아이들에게 독서의 참맛을 느끼고 독서를 통해 아이들에게 긍정의 에너지를 줄 수 있을 거라 믿었습니다. 하지만 학교 독서교육으로는 한계가 있다는 것을 느끼고 좌절에 빠졌습니다. 책을 읽지 않는 부모, 책보다 학습을 우선시하는 부모의 태도, 무관심 등 다양한 이유로 아이들은 책 읽기에 빠져들지 못했습니다.

매슬로의 욕구위계이론에 따르면, 하위 영역이 충족되지 않으면 상위 개념에 속하는 독서는 이루어질 수 없습니다. 따라서 부모교육의 절실함을 깨닫고 어떻게 하면 부모들이 아이와 함께 책을 읽는 문화를 만들 수 있을지 계속 고민하였습니다. 부모들이 아이와 함께 책을 읽으려면 무엇이 중요할까, 일찍 퇴근도 해야 할 테고, 경제적으로 여유도 있어야 할 테지요. 부모의 따뜻한 마음과 아이의 성실함 등 여러 조건이 떠올랐습니다. 다른 건 몰라도 저는 아이의 성실함과 부모의 따스함에 집중했습니다.

부모의 따스함은 행복한 가정에서 시작됩니다. 행복한 가족 분위기를 만들기 위해서는 여러 가지 노력이 필요합니다. 부모는 아이를 대할 때 아이를 인정해 주고, 칭찬과 격려를 하며 끝없는 인내심이 있어야 합니다. 또한 아이는 즐겁게 생활하고 즐거운 놀이를 하면 됩니다. 여기에 자연스럽게 독서를 함께하면 독서의 효과도 얻고 아이의 정서도 안정되는 일석이조의 해결책이 되지 않을까, 생각했습니다. 책을 통해 생활하고 책을 통해 놀이하고, 칭찬과 격려가 함께하는 즐거운 가족을 꿈꾸었습니다. 저는 이와 같은 행복한 상상을 하며 글을 즐거운 마음으로 써내려갔습니다. 이 책을 통해 아이와 함께하는 행복한 상상을 해보셨다면 제 목표는 어느 정도 달성된 셈입니다.

무엇보다 중요한 점은 초등 저학년 독서는 부모와 아이가 함께 시작해야 한다는 점입니다. 책 내용을 천천히 읽어 보고, 독후 활동이 정말 힘들어도 최소 한 달만 꼭 해보세요. 나비의 작은 날갯짓이 태풍을 일으키듯, 현재의 작은 독서가 우리 아이가 자라서 어떤 영향을 미칠지 기대가 되지 않나요? 저자의 행복한 꿈이 이 책을 통해 독자의 행복으로 현실화하기를 기대합니다.

부 록

하브루타 독서 대화법

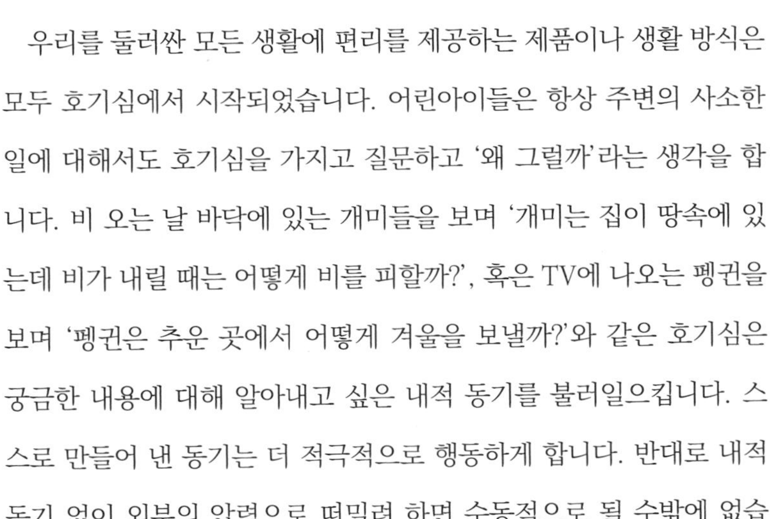

우리를 둘러싼 모든 생활에 편리를 제공하는 제품이나 생활 방식은 모두 호기심에서 시작되었습니다. 어린아이들은 항상 주변의 사소한 일에 대해서도 호기심을 가지고 질문하고 '왜 그럴까'라는 생각을 합니다. 비 오는 날 바닥에 있는 개미들을 보며 '개미는 집이 땅속에 있는데 비가 내릴 때는 어떻게 비를 피할까?', 혹은 TV에 나오는 펭귄을 보며 '펭귄은 추운 곳에서 어떻게 겨울을 보낼까?'와 같은 호기심은 궁금한 내용에 대해 알아내고 싶은 내적 동기를 불러일으킵니다. 스스로 만들어 낸 동기는 더 적극적으로 행동하게 합니다. 반대로 내적 동기 없이 외부의 압력으로 떠밀려 하면 수동적으로 될 수밖에 없습니다.

아이의 성격 및 인성 발달에 가장 결정적인 요소는 부모와 가정환경입니다. 화목한 집에서 자란 아이는 만나서 몇 마디만 나눠도 다른 아이들과 느낌이 다릅니다. 집에서 사용하는 부모님의 말투, 행동, 아이를 대하는 태도, 다른 사람들을 대하는 모습 등 사소한 모든 것이 아이들에게는 학습이 되고 배움이 일어납니다. 과연 독서는 예외일까요? 가족 모두가 책 한 페이지조차 읽지 않고, 핸드폰 게임과 TV 예능을 열심히 시청하며, 아이들 데리고 서점, 도서관을 한 번도 가지 않는 집에서 아이가 독서를 스스로 할까요?

아이들은 책을 읽어야 합니다. 하지만 이때 "왜 책을 안 읽니?", "책 좀 읽어라." 같은 잔소리를 하면 아이는 점점 더 책에서 멀어집니다. 아이 스스로 책 읽기에 흥미를 느끼고 접근하게 해야 합니다. 내적 동기가 생겨야 합니다. 이를 위해 우선 아이와 함께하는 대화시간을 늘려보세요. 아이가 관심을 가지는 놀잇감이나 영화, 놀이공원 등 재미있는 놀이를 하며 시간을 보내며 궁극적으로 독서와 연계된 활동을 하는 것이 필요합니다.

하브루타는 두 명 혹은 네 명이 짝을 지어 서로 질문하고 토론하는 유대인 전통 교육법입니다. 유대인 부모들은 가정에서 아이와 식사할 때, 혹은 잠자리에 누웠을 때 그날 읽은 책, 수업시간에 배운 내용, 일상 이야기를 가지고 자유롭게 질문과 대화를 나눕니다. 좋은 질문은 아이에게 생각하게 합니다. '핵심질문 5가지'는 아이들에게 생각하는 힘을 길러주고, 책을 읽을 때 집중해서 읽을 수 있게 합니다. 아이들의 정서발달과 독서를 통해 부모와 정서적 교감을 하는 데 영향을 미칩니다.

[핵심질문 1] 오늘 기분이 어떠니?

독서를 시작하기 전에 아이의 기분을 물어보는 것으로 시작합니다. 그런 후 책 표지를 보며 드는 생각을 자유롭게 표현할 수 있게 합니다. 책을 고를 때의 느낌을 이야기하며 책 읽을 준비를 합니다. 이 과정에서 뜻밖에 아이의 속마음을 알 수도 있습니다.

[핵심질문 2] 네 생각은 어떠니?

유대인이 가장 자주 하는 질문이라고 합니다. 이 간단하며 사소해 보이는 질문이 아이를 자존감이 강한 아이로 키웁니다. 아이들은 자기 생각을 말할 때 부모가 진지하게 들어주는 태도를 통해 스스로 존중받고 있는 느낌을 받는다고 합니다. 부모가 아이의 생각을 물어보고 경청할수록 아이들은 더 열심히 질문하고 대답하기 위해 노력합니다. 자기 생각을 표현할 때 책임지는 말을 하려고 애씁니다. 새로운 것에 대한 호기심을 자극하는 질문은 아이의 탐구심과 사고력을 키웁니다.

[핵심질문 3] 구체적으로 말해 줄래?

강의식 교육보다 스스로 생각을 표현하는 하브루타가 언어 능력 향상에 더 큰 도움이 된다고 전문가들은 말합니다. 아이들과 대화하는 시간을 마련해 마음껏 말할 수 있게 하세요. 부모가 질문할 때 답을 정해 놓고 유도하듯이 질문하면 안 돼요. 아이들이 원하는 대답을 하지 않는다고 해서 "그게 아닌 것 같은데!", "정말 그렇게 생각해?" 같은 대답보다는, "구체적으로 말해 줄래?"라고 한 번 더 물어보세요.

[핵심질문 4] 오늘 엄마 아빠와 책 읽기 어땠니?

사소한 질문이지만, 위 질문을 아이와 독서를 하고 난 뒤 꼭 해주세요. 질문하면 아이들은 스스로 인지적 결핍을 느끼고, 자기 생각을 정리하기 시작합니다. 이 질문에 대해 아이들은 그날 느낀 것뿐만 아니라 평소 독서를 함께하고 난 뒤의 느낌까지도 구체적으로 이야기합니다. 그때 부모는 아이의 감정에 공감해 주어 말하기에 더욱 자신감을 느끼게 합니다.

[핵심질문 5] 직접 한번 해볼까?

앞에서 제시한 기본 질문과 책을 통한 자연스러운 대화로 아이는 자존감과 사고력, 말하는 능력이 모두 길러집니다. 이를 완성하기 위해 독후 활동으로 아이와 함께 놀이나 미술 활동으로 마무리한다면 아이들에게 숨겨진 창의력을 기를 수 있습니다.

상황별 하브루타 솔루션

아이들과 하브루타 대화를 할 때 예상과 다른 반응에 당황할 수 있습니다. 아래 상황별 솔루션을 미리 읽고 대처한다면 아이의 사고력을 키우는 하브루타의 효과를 극대화할 수 있습니다.

[상황 1] 아이가 책 읽기를 좋아하지 않을 때

아이가 책 읽기를 좋아하지 않는다면 하브루타 대화법을 적용하기 힘듭니다. 대화하기 전에 서로 관계가 원만해야 하고 열린 마음이어야 합니다. 책 읽기를 좋아하지 않는데 대화를 하자고 아이를 앉혀 놓으면 불만만 쌓이게 마련입니다. 먼저 아이가 책 읽기를 좋아하도록 자기가 스스로 책을 고를 수 있게 선택권을 줍니다. 아이와 서점이나 도서관에 가서 책을 함께 고르고 책 표지를 보고 간단한 대화를 나눠 보세요. 하지만 아이가 책에 전혀 관심이 없거나, 관심이 다소 부족한 경우도 많습니다. 이때는 부모 한 권, 아이 한 권씩 골라 보세요. 그러면서 자연스럽게 대화를 시작하세요.

"엄마가 고른 책은 OO야. 이 책을 고른 이유는 ~ 때문이야."라고 자연스럽게 대화를 시작하여 "OO이는 그 책을 왜 골랐니?"라고 물어봅니다. 부모와 아이가 각자 고른 책을 같이 읽어 보고, 상대방의 감정에 공감하는 과정까지 자연스럽게 연결될 수 있습니다.

[상황 2] 아이가 책을 대충대충 읽을 때

아이가 책을 읽는 것 같긴 한데 열심히 읽지 않는다고 느껴질 때가 있습니다. 읽는 척만 하고 있다든지 대충 읽어서 다 읽고 나서 물어보면 아무것도 기억나지 않는다고 말하기도 합니다. 이때 아이와 함께 '짝독서'를 해보세요. 아이와 함께 서로 읽는 텍스트 부분을 손으로 짚어 가리키면서 함께 읽는 방식입니다. 상황에 따라 3명이나 4명도 함께할 수 있습니다. 짝의 역할은 여러 가지가 있습니다. 한 명은 글을 읽고, 다른 한 명은 짝의 독서 내용으로 자신의 경험과 관련한 활동을 합니다. 그리고 한 명이 글을 다 읽으면 역할을 바꿔서 합니다. 아이가 친구를 데리고 집에 왔을 때 기회가 된다면 아이와 친구에게 함께 책을 읽어 주는 것도 좋습니다. 이는 자연스럽게 집중력을 길러 주고 친구와 책을 통해 자연스러운 대화를 유도합니다.

[상황 3] 아이가 보상이 있을 때만 책을 읽을 때

아이가 보상이 있을 때만 책을 읽는다면 부모님이 바쁜 시간을 쪼개서 책 한 권이라도 더 아이에게 읽어 줘야 합니다. 부모가 아이에게 책 읽어 주기의 효과는 아이의 심리적 안정과 올바른 성격 형성에 큰 도움을 줍니다. 이보다 한발 더 나아가 부모와 아이가 책을 함께 읽는 것을 해보는 건 어떨까요? 책을 한 페이지씩 나눠서 읽고, 상대방이 읽은 내용에 대해 질문을 한 가지씩 하는 시간을 갖습니다. 이는 책 읽어 주기보다 2배 이상의 독서 효과가 있습니다. 아이가 책을 처음부터 끝까지 모두 다 읽는 것도 좋지만, 대화하는 과정을 통해 아이의 생각하는 힘은 더욱더 성장합니다.

[상황 4] 책을 읽고 대화하는데 자기 말만 할 때

책을 읽고 독서 대화를 나누려고 하는데 자기 생각만 떠드는 아이들이 있습니다. 대화의 기본은 상대의 말에 귀 기울이는 것입니다. 이런 아이들은 학교에서 친구들과 지낼 때도 사소한 트러블이 생길 가능성이 큽니다. 그렇다면 가정에서 어떻게 해야 할까요? 집에서 하브루타 대화를 꾸준히 실천해 주세요. 자기중심적인 1학년 아이들을 친구의 말이나 주변 이야기에 귀 기울이게 합니다. 핀란드에서는 식탁에서부터 독서교육이 시작됩니다. 저녁 식사를 함께하며 그날 있었던 일과 느낌, 서로 간의 질문을 하며 식사합니다. 오늘부터 아이와 그날 읽은 책 내용에 대해 5분이라도 이야기를 나눠 보면 어떨까요? 이는 경청, 배려, 존중의 미덕을 가르치는 좋은 기회가 됩니다.

참고도서

구근회·김성현, 『초등 독서 바이블』, 덴스토리

나덕렬, 『앞쪽형 인간』, 허원미디어

남미영, 『공부머리를 완성하는 초등 독서법』, 21세기북스

남미영, 『엄마표 독서놀이』, 애플비

송재환, 『초등 1학년 공부, 책 읽기가 전부다』, 예담

송재환, 『초등 고전 읽기 혁명』, 글담출판사

심영면, 『초등 독서의 모든 것』, 꿈결

오선균, 『기적의 초등 독서법』, 황금 부엉이

오정남, 『기적의 한 줄 쓰기』, 꿀결

오현선, 『우리 아이 진짜 독서』, 이비락

이루리, 『아빠와 함께 그림책 여행』, 북극곰

이영호·이인환, 『하루 15분 독서혁명』, 세종

이임숙, 『엄마가 하는 독서치료』, 푸른책들

이재풍, 『한 권을 읽어도 정약용처럼』, 북포스

정서영, 『초등 적기독서』, 글담출판사

정영미, 『슬로리딩, 생각을 키우는 힘』, 경향미디어

최원일, 『(한 권으로 끝내는) 초등 독서법』, Raon Book

한미화, 『아홉 살 독서 수업』

성실애, 『내 아이 독서 천재 만드는 비법』, 미다스북스

이정균, 『초등 출력 독서』, 글라이더

고영성, 김선, 『(우리 아이)낭독 혁명』, 스마트북스

최희수, 『아이 내면의 힘을 키우는 몰입 독서』, 푸른육아

방에 책이 없는 것은

몸에 정신이 없는 것과 같다.

키케로

어떻게 책을 읽어야 할지를 아는 사람은 자기 자신을 성숙하게 하고,
살아가는 방식을 다양하게 하며, 자신의 생활을 알차고 의미 있게 그리고
흥미롭게 하는 능력을 지니게 된다.

올더스 헉슬리

사람이 책을 많이 읽지 않으면 필요한 때에 이르러
비로소 자기 지식의 모자람을 안타깝게 생각하게 된다.

홉스

여가가 없어 배울 수 없다고 말하는 사람은,
설사 여가가 있어도 배우지 않는다.

회남자(淮南子)